COLLECTION COMPLÈTE

DES LOIS PROMULGUÉES

SUR LES DÉCRETS

DE L'ASSEMBLÉE NATIONALE;

IMPRIMÉE

PAR ORDRE DE L'ASSEMBLÉE NATIONALE,

SOUS LA SURVEILLANCE DU MINISTRE DE LA JUSTICE.

TOME QUATORZIÈME.

———

A PARIS,

DE L'IMPRIMERIE NATIONALE

1791.

LOI

Concernant une Édition complète de tous les Décrets acceptés ou sanctionnés par le Roi.

Donnée à Paris le 19 Janvier 1791.

LOUIS, par la grace de Dieu & par la Loi conftitutionnelle de l'État, ROI DES FRANÇOIS; à tous préfens & à venir; SALUT. L'ASSEMBLÉE NATIONALE a décrété, & Nous voulons & ordonnons ce qui fuit :

Quatrième difpofition du décret de l'Affemblée Nationale.

Du 9 janvier 1791.

L'ASSEMBLÉE NATIONALE ordonne qu'il fera procédé, aux frais de la Nation, & fous la furveillance du Garde-des-Sceaux, à une édition complète, & au nombre de de deux mille exemplaires, de tous les décrets rendus jufqu'à ce jour, acceptés ou fanctionnés par le Roi, dont un defdits exemplaires fera envoyé à tous les tribunaux de juftice, commiffaires du Roi, diftricts, départemens & bureaux de conciliation, de telle forte qu'aucun de ces corps ne puiffe à l'avenir prétexter l'ignorance des décrets.

Mandons & ordonnons à tous les tribunaux, corps adminiftratifs & municipalités, que les préfentes ils faffent tranfcrire fur leurs regiftres, lire, publier & afficher dans leurs refforts & départemens repectifs, &

A 2

exécuter comme Loi du Royaume. En foi de quoi Nous avons figné & fait contre-figner lefdites préfentes , auxquelles Nous avons fait appofer le Sceau de l'Etat. A Paris , le dix-neuvième jour du mois de janvier , l'an de grace mil fept cent quatre-vingt-onze , & de notre règne le dix - feptième. *Signé* LOUIS. *Et plus bas ,* M. L. F. Duport. Et fcellées du Sceau de l'Etat.

Certifié conforme à l'original.

COLLECTION COMPLETE

DES LOIS PROMULGUÉES

Sur les Décrets de l'Assemblée Nationale,

Depuis le 3 Novembre 1789.

N°. 2055.

LOI

RELATIVE au cautionnement des Employés comptables & non comptables de la Ferme générale.

Donnée à Paris le 9 octobre 1791.

Louis, par la grace de Dieu, &c.

Décret du 22 septembre 1791.

L'Assemblée Nationale, ouï le rapport de son comité central de liquidation, décrète ce qui suit :

ARTICLE PREMIER.

L'état général des cautionnemens fournis par les employés comptables de la ferme générale, en vertu des

A 3

arrêts du conseil des 30 avril 1758 & 17 février 1779, demeure définitivement arrêté à la somme de dix - huit millions quatre cent quatre-vingt mille livres.

Celui des cautionnemens fournis par les employés non comptables, aux termes des mêmes arrêts, demeure aussi fixé à la somme de huit millions six cent soixante-un mille neuf cents livres.

II.

L'état général des cautionnemens fournis par les employés non comptables de la régie générale, en exécution de l'arrêt du conseil du 17 février 1779, demeure arrêté à la somme d'un million six cent soixante-neuf mille six cents livres.

Celui des cautionnemens fournis par les employés comptables de la même régie, demeure aussi fixé à un million six cent trente-un mille cinq cents livres.

III.

Mager & ses cautions feront remboursés des avances par eux faites sur les cautionnemens de leurs employés, en produisant par ledit sieur Mager & ses cautions, au bureau de liquidation un état certifié d'eux de ces mêmes avances, & d'après lequel il sera délivré au profit dudit Mager, sous la responsabilité de ses cautions, une reconnoissance de liquidation de la somme à laquelle elles feront constatées s'élever.

IV.

Outre les certificats de non-opposition que les employés de la ferme générale & de la régie font tenus de rapporter, aux termes de l'article II du titre IV de la loi du premier août dernier, & qui leur feront délivrés, tant par le receveur général de chacune de ces compagnies, que par le conservateur des hypothèques ou la main-levée des oppositions, lesdits employés ne pourront recevoir leur remboursement qu'en justifiant du consentement de ceux au profit de qui il aura été inséré, soit dans les récépissés, soit sur les registres desdites compagnies, des déclarations des sommes prêtées auxdits employés, ou en rapportant les quittances données devant notaires par lesdites personnes.

Mandons & ordonnons à tous les corps administratifs & tribunaux, &c.

2056.

L O I

Relative à la distribution & à l'emploi d'une somme de cinq millions sept cent soixante mille livres, destinée pour des travaux à faire dans les départemens y énoncés.

Donnée à Paris le 9 octobre 1791.

Louis, par la grace de Dieu, &c.

Décret du 25 septembre 1791.

L'Assemblée Nationale, sur le rapport qui lui a été fait par ses comités, de l'avis & des observations du ministre de l'intérieur, pour la distribution de cinq millions sept cent soixante mille livres, restant des quinze millions destinés par la loi du 19 décembre à subvenir aux dépenses des travaux utiles établis en conséquence dans les départemens, décrète:

ARTICLE PREMIER.

Les cinq millions sept cent soixante mille livres seront distribués ainsi qu'il suit:

A 4

NOMS des DÉPARTEMENS.	DISTRIBUTION des 5,760.000 liv. restant des 15 millions de fonds e secours, destinés par la loi du 19 décembre, a es travaux utile à ouvrir dans s départe en	DESTINATION
Ain · · · · · · · ·	70,000	Chemins vicinaux, navigation, digue sur le Rhône.
Aisne · · · · · · ·	130,000	Communications vicinales, desséchement de marais à Château-Thierry, canal de la Somme.
Allier · · · · · ·	70,000	Curement du lit des rivières d'Œil, de Queune, de Vanreuil & du Cher, desséchement de marais.
Hautes-Alpes ·	70,000	Construction de digues contre les rivières & torrens, sur-tout contre la Durance, les Bueils & le Var.
Basses-Alpes ·	70,000	Travaux contre les rivières & torrens, notamment contre la Durance.
Ardèche · · · · ·	150,000	Travaux relatifs aux communications principales & vicinales.
Ardennes · · · ·	100,000	Canal de Champagne, navigation de la rivière d'Aisne, de Neufchâtel à Vouziers.
Arriège · · · · · ·	70,000	Travaux à la route de Toulon à Barcelonne, à celle de Tarascon, aux Bains-d'Ussat; digue pour contenir la rivière du Lers.
Aube · · · · · · · ·	40,000	Chemins vicinaux.
Aude · · · · · · ·	20,000	Chemins vicinaux près Carcassonne.
Aveiron · · · · ·	70,000	Communications intérieures.
Cantal · · · · · ·	100,000	Communications vicinales.
Charente · · · · ·	60,000	Desséchement de prairies, encouragement de la manufacture de coton d'Angoulême.
Cher · · · · · · · ·	30,000	Communications vicinales.
Corrèze · · · · · ·	70,000	Ouvertures de routes du Périgord

NOMS des DÉPARTEMENS.	DISTRIBUTION des 5,760,000 liv. restant des 15 millions de fonds de secours, destinés par la loi du 19 décembre, à des travaux utiles à ouvrir dans les départemens.	DESTINATION.
		en Bourbonnois, entre l'Auvergne & le Quercy, de l'Auvergne en Périgord, d'Aurillac à Brives, & de plusieurs ramifications qui doivent y aboutir.
Corse ········	80,000ᵗᵗ	Pour le desséchement des marais de Saint-Florent & d'Aleria.
Côtes-du-Nord.	70,000	Continuation des travaux des ports de Painpol & de Binan, ceux des chemins de Lannion à Collas, & ceux du Ligné.
Creuse ·······	70,000	Chemins vicinaux, particulièrement ceux qui sont aux abords d'Aubusson & de Feuilletin.
Dordogne ····	90,000	Ouverture d'une route de Périgueux à Bergerac, réparation de celle de Paris à Bordeaux.
Doubs ·······	50,000	Réparation des chemins vicinaux, & desséchemens des marais de Morre.
Drome ······	50,000	Réparation des chemins vicinaux, ouvrages pour contenir le Rhône.
Eure ········	50,000	Communications vicinales.
Eure-&-Loir··	50,000	Communications vicinales.
Finistère ·····	70,000	Réparation de route, ouverture d'une nouvelle de Quimper à Morlaix, curage des ports, ouvrages pour contenir les rivières.
Haute-Garonne	30,000	Aucune indication de travaux publics.
Gers ········	110,000	Communications vicinales.
Gironde ·····	200,000	Moitié pour desséchement des

NOMS des DÉPARTEMENS.	DISTRIBUTION des 5,762,000 liv. restant des 15 millions de fonds de secours, destinés par la loi du 10 décembre, à des travaux utiles à ouvrir dans les départemens.	DESTINATION.
		marais près Bordeaux , moitié chemins vicinaux.
Hérault	20,000^{tt}	Chemins vicinaux.
Ille-&-Vilaine.	230,000	Travaux de la Vilaine , réparation des digues de Dol.
Indre	50,000	Chemins vicinaux.
Indre-&-Loire .	30,000	Canal de réunion des rivières de Creuse & Glèze.
Isère	50,000	Routes & chemins vicinaux, ouvrages contre les torrens des rivières.
Jura	80,000	Travaux pour contenir les rivières de Louve, du Doubs.
Landes	100,000	Routes vicinales , travaux aux rivières.
Loir-&-Cher ..	50,000	Travaux des ponts , turcies & levées.
Haute-Loire ..	70,000	Chemins vicinaux.
Loire-inférieure	50,000	Navigation de la Loire & de la Vilaine , desséchement des marais de Goulaine, clôture & repeuplement de la forêt du Gavres.
Loiret	50,000	Pour réparer les pertes causées par les inondations.
Lot	60,000	Alignement , élargissement & recurement des ruisseaux qui causent des inondations ; desséchement de certains bas-fonds.
Lot-&-Garonne.	60,000	Une levée à Layrac , route d'Agen à Cahors , navigation de la Baïse & de la Gélise , chaussée de Bordeaux à Auch , routes

NOMS des DÉPARTEMENS.	DISTRIBUTION des 5,760,000 liv. restant des 15 millions de fonds de secours, destinés par la loi du 19 décembre, à des travaux utiles à ouvrir dans les départemens.	DESTINATION.
Lozère........	140,000^{tt}	de Bordeaux à Toulouse, Dignes à Coutures, &c. Réparation des ravages des inondations, continuation des routes de Bayonne à Lyon, & de Madrid à Paris.
Maine-&-Loire.	120,000	Desséchement des marais de la rivière d'Authion, perfection du canal depuis le pont de Sorges jusqu'à son embouchure.
Manche	110,000	Chemins vicinaux à Cherbourg, chaussée de communication entre le Cotentin & le reste du département, désobstruction du port de Carteret, repeuplement de la forêt de Savigny.
Marne........	40,000	Communications vicinales.
Haute-Marne ·	70,000	Réparation de chemins vicinaux.
Mayenne	70,000	Navigation de la Mayenne, communication de cette rivière avec celle de l'Orne.
Meurthe	70,000	Comblement de fondrières à Nancy, digues à Pont-à-Mousson, éperon sous la Moselle, chemins vicinaux.
Meuse	100,000	Construction d'une route de Clermont à Bar-le Duc.
Morbihan	70,000	Chemins vicinaux & grandes routes.
Moselle.......	90,000	Comblement des fossés de la citadelle de Metz, navigation de la Moselle & de la Sarre, routes de Briey & Longwy.

NOMS des DÉPARTEMENS.	DISTRIBUTION des 5,760,000 liv. reftant de 15 millions de fonds de fecours, deftinés par la loi du 19 décembre, à des travaux utiles à ouvrir dans les départemens.	DESTINATION.
Nièvre	20,000^{tt}	Chemins vicinaux.
Nord	80,000	Communication de l'Efcaut avec la Scarpe, canal de Picardie, ouverture de canaux, confection de routes, chauffée & éclufes, quai fur le port de Gravelines.
Oife	70,000	Moitié pour la route de Normandie, moitié pour chemins vicinaux.
Orne	70,000	Défrichement de landes & plantation des forêts d'Ecouve, d'Audaine & du Perche; communication d'Alençon avec Grandville & Cherbourg, d'Argentan avec Préenpail; défrichement des marais de Briouge, Neuilly, Menus, Marcheville, &c.
Pas-de-Calais.	180,000	Chemins d'Arras à Bucquoi & à Avefnes, d'Hefdin à Montreuil, de Saint-Pol à Béthune; canal de deffèchement au pays de l'Angle, adouciffement de la montagne de Vimy.
Puy-de-Dôme.	100,000	Réparations de dommages caufés aux routes par les inondations.
Hautes - Pyrénées	100,000	Route de Barèges.
Baffes-Pyrénées	20,000	Chemins vicinaux.
Pyrénées-orientales	50,000	Chemins vicinaux.
Haut-Rhin ...	100,000	Rectification de la route du Haut-Rhin par les Vofges, construc-

NOMS des DÉPARTEMENS.	DISTRIBUTION des 5,760,000 liv. restant des 15 millions de fonds de secours, destinés par la loi du 19 décembre, à des travaux utiles à ouvrir dans les départemens.	DESTINATION.
		tion de ponts, nettoiement du canal de Brisack.
Rhône-&-Loire.	60,000ᵗᵗ	Cinquante mille liv. remblais des travaux Perrache, dix mille liv. quai de Roanne.
Haute-Saone.	80,000	Dessèchemens, navigation de la Saone.
Saone-&-Loire.	140,000	Cent vingt mille pour les terrasses du canal de Charollois, & vingt mille livres pour celles de la rivière de Seille.
Sarthe	70,000	Chemins vicinaux.
Seine-&-Oise ·	200,000	Chemin de Versailles à Dourdan, communication des routes de Rouen, de Bretagne, de Chartres, &c.
Seine-inférieure	30,000	Canal du Tréport à la ville d'Eu.
Seine-&-Marne	100,000	Chemins vicinaux.
Deux-Sèvres ··	70,000	Chemins vicinaux.
Tarn	70,000	Chemins vicinaux.
Var	70,000	Chemins vicinaux.
Vendée	50,000	Continuation des ouvrages de chemins vicinaux.
Vienne	70,000	Navigation du Clain, ou travaux aux chemins vicinaux.
Haute-Vienne ·	70,000	Chemins vicinaux.
Vosges	70,000	Chemins vicinaux.

I I.

● Le ministre de l'intérieur devra néanmoins, sur sa responsabilité, ne mettre aucune partie des nouveaux fonds à la disposition des départemens, jusqu'à ce qu'ils aient rendu compte de l'emploi des trente mille livres accordées en mai, & des quatre-vingt mille livres accordées en décembre 1790.

I I I.

Bien que les fonds aient, par l'état ci-joint, une application localement précise, cette destination pourra être changée, avec l'approbation du roi, sur la demande des départemens, mais toujours dans l'intention exprimée par la loi du 19 décembre. Aucune partie de ces fonds ne pourra être appliquée aux grandes routes, qu'en supplément aux contributions destinées à ces travaux, & en addition d'ouvrages neufs seulement.

I V.

Aucuns des ouvrages à entreprendre ou à continuer au moyen de ces nouveaux fonds ne seront exécutés que sur l'approbation formelle du ministre de l'intérieur, donnée sur le vu des plans, devis & détails estimatifs, de ceux de ces objets qui en seront susceptibles.

V.

Ces travaux, conformément à l'article VIII de la loi du 15 juin, seront donnés à l'entreprise, par adjudication au rabais.

V I.

Le ministre de l'intérieur instruira tous les trois mois la législature du progrès de ces travaux, & de leur situation.

Mandons & ordonnons à tous les corps administratifs & tribunaux, &c.

2057.

L O I

Additionnelle à celle du 19 *décembre* 1790 *, sur le droit d'enregistrement.*

Donnée à Paris le 9 octobre 1791.

Louis, par la grace de Dieu , &c.

Décret du 29 *septembre* 1791.

A R T I C L E   P R E M I E R.

Addition à l'article II.

Les pères qui viendront à l'administration & jouissance que quelques coutumes leur donnent, des biens appartenans aux enfans non émancipés, en vertu de la simple puissance paternelle, ne devront aucun droit ; & il n'y aura pas lieu pour eux à la déclaration prescrite par l'article II.

I I.

Addition à l'article IV.

La déduction accordée au propriétaire par l'article IV , aura lieu également en faveur de l'usufruitier.

I I I.

Addition à l'article VIII.

Lorsque les testamens n'auront pas été présentés à l'enregiftrement dans le délai de trois mois après la mort des teftateurs ou de l'ouverture des teftamens, fuivant l'article VIII de la loi du 19 décembre dernier, les prépofés de la régie pourront contraindre les notaires qui les auront reçus, à les préfenter au bureau, & pourfuivre le paiement des droits contre les héritiers & légataires qui auront mis le teftament à exécution.

Ne pourront dans tous les cas, les héritiers & les légataires, mettre à exécution, en tout ou en partie, les teftamens avant qu'ils aient été enregiftrés, à peine du double droit en cas de contravention.

I V.

Addition à l'article IX.

Les huiffiers comme les notaires feront tenus, à défaut d'enregiftrement des procès-verbaux de vente de meubles, ou autres actes fujets au droit proportionnel, de la reftitution du droit, fans préjudice de l'amende de dix livres pour chaque omiffion.

V.

Addition à l'article X.

Toutes citations faites devant les juges-de-paix fans diftinction de celles faites par les huiffiers ou par les greffiers, ne feront affujéties ni à la formalité ni au droit d'enregiftrement.

V I.

Addition à l'article X.

Les jugemens des juges-de-paix feront enregiftrés fur les minutes, lorfqu'ils contiendront tranfmiffion des biens immeubles,

immeubles, réels ou fictifs, les appositions des scellés, les inventaires, les émancipations, les actes de tutele faits par les juges-de-paix, seront aussi enregistrés. Les jugemens & expéditions des jugemens préparatoires des juges-de-paix, ne seront assujettis à aucune formalité. Les expéditions des jugemens définitifs & l'exploit de notification de ces jugemens, seront enregistrés & assujétis au seul droit de cinq sous.

V I I.

Les décisions des tribunaux de famille seront assujéties aux mêmes droits que les jugemens des tribunaux de district, sans pouvoir être assujéties à plus grands droits.

V I I I.

Addition à l'article X.

Les certificats des bureaux de paix ne seront pas sujets à l'enregistrement.

I X.

Addition à l'article XI.

Les billets à ordre ou au porteur pourront n'être présentés à l'enregistrement qu'avec le protêt qui en aura été fait.

X.

Addition à l'article XII.

Les actes passés en pays étrangers ou dans les colonies, seront sujets à la formalité de l'enregistrement dans tous les cas où les actes sous signatures privées y sont assujétis, & dans les mêmes délais & sous la même peine.

Collec. des Lois. Tome XIV.   **B**

X I.

Addition à l'article XI.

La date des actes sous signatures privées ne pourra être opposée pour preuve de prescription, contre la demande des droits ouverts par la transmission d'immeubles réels ou fictifs.

X I I.

Addition à l'article XII.

Le délai de six mois fixé par l'article **XII** pour les déclarations, sera d'un an pour les héritiers, légataires ou donataires des personnes décédées hors du royaume; & pour les héritiers des absens, le délai de six mois ne commencera à courir que du jour qu'ils auront pris la succession; & en cas de retour de l'absent, les droits seront restitués.

X I I I.

Addition à l'article XII.

Les rentes constituées & les rentes viagères seront à l'avenir assujéties, dans tout le royaume, aux droits d'enregistrement fixés sur les immeubles fictifs.

X I V.

Addition à l'article XVI.

Les notaires & autres officiers publics qui se trouveront en contravention aux dispositions des articles X & XI, seront assujétis à payer deux fois le montant des droits des actes qui n'auront point reçu la formalité de l'enregiftrement.

X V.

Addition à l'article **XVII**.

Les prépofés ne pourront exiger des parties, pour les recherches & pour les extraits qui leur feront demandés, que dix fous par année indiquée, & cinq fous par extrait, y compris le papier timbré.

Ces extraits ne pourront être délivrés que fur une ordonnance du juge, lorfqu'ils ne feront pas demandés par quelqu'une des parties contractantes ou leurs ayant-caufes.

X V I.

Addition à l'article **XXV**.

La prefcription des droits dus fur des actes publics, antérieurs à la loi du 19 décembre dernier, & non infinués, aura lieu après cinq ans à compter du jour de leur date.

X V I I.

Addition à l'article **XXV**.

La forme de procédure prefcrite par l'article **XXV** de la loi du 19 décembre, fera fuivie pour toutes les inftances relatives aux domaines & droits dont la régie eft réunie à celle de l'enregiftrement.

X V I I I.

Toutes les quittances de rembourfement d'offices, dettes arriérées & autres créances fur le tréfor public, exceptées de la formalité & du droit d'enregiſtrement par le décret du 3 avril 1791, feront enregiſtrées dans le délai fixé par la loi, mais au ſimple droit de cinq ſous, pour ſimple formalité.

SUR LE TARIF.

ARTICLE PREMIER.

Addition au n°. III de la ſeconde ſection de la première claſſe.

Les droits d'enregiſtrement ſur les cautionnemens, ne pourront en aucun cas excéder ceux perçus ſur les diſpoſitions qu'ils ont pour objet.

II.

Addition au n°. VI de la ſeconde ſection de la première claſſe.

Les déclarations preſcrites, à la ſeconde ſection de la première claſſe, aux époux ſurvivans, des biens dont ils recueillent l'uſufruit, comprendront les biens-meubles comme les immeubles.

III.

Addition au n°. premier de la ſixième ſection de la première claſſe.

Les droits ſur les baux à vie, ſoit qu'ils ſoient ſur une ou pluſieurs têtes, ſont fixés à quarante ſous pour cent livres, ſur le capital au denier dix.

I V.

Addition au n°. III de la septième section de la troisième classe.

Les significations & déclarations d'appel des jugemens au tribunal de district, qui doit juger en dernier ressort.

Addition à la loi du 27 mai 1791.

ARTICLE PREMIER.

La remise de deux & deux tiers d'un pour cent accordée par la loi du 27 mai dernier, pour les receveurs des droits de la régie de l'enregistrement, sera répartie par les régisseurs entre tous les receveurs, dans la proportion qu'ils jugeront la plus convenable, à la charge par eux d'en faire arrêter le tableau par le ministre des contributions.

I I.

La régie est autorisée à augmenter les employés des bureaux de correspondance, & à leur fixer des traitemens & remises relatifs à ceux des employés des mêmes grades actuellement en exercice, lesquels traitemens & remises feront pris sur la remise de treize vingt-quatrièmes d'un pour cent, accordée par la loi du 27 mai, pour les frais des bureaux de correspondance.

Article additionnel à l'article premier de la loi du 17 juin 1791.

Les registres ou minutes sur lesquels les greffiers de tous les tribunaux porteront les adjudications, les cau-

B 3

tionnemens, les affirmations de voyage, les repréfentations & les défauts, les enregiftremens & publications des teftamens, donations, fubftitutions, des extraits des contrats dépofés à l'effet d'obtenir les lettres de ratification, feront affujétis au timbre.

Les minutes des procès-verbaux d'appofition & levée des fcellés, d'inventaire, d'émancipation, de tutele & curatelle, feront affujéties au timbre.

Chacun des quatre-vingt-trois directeurs de l'enregiftrement, domaines & droits réunis, fera tenu de demeurer dans la ville chef-lieu du département.

Mandons & ordonnons à tous les corps adminiftratifs & tribunaux, &c.

2058.

L O I

Sur les fociétés populaires.

Donnée à Paris le 9 octobre 1791.

Louis, par la grace de Dieu, &c.

Décret des 29 & 30 *feptembre* 1791.

L'Affemblée Nationale, confidérant que nulle fociété, club, affociation de citoyens, ne peuvent avoir, fous aucune forme, une exiftence politique, ni exercer aucune action fur les actes des pouvoirs conftitués & des autorités légales ; que fous aucun prétexte, ils ne peuvent paroître fous un nom collectif, foit pour former des pétitions ou des députations, pour affifter à des cérémonies publiques, foit pour tout autre objet, décrète ce qui fuit :

A R T I C L E   P R E M I E R.

S'il arrivoit qu'une société, club ou association se permît de mander quelques fonctionnaires publics ou de simples citoyens, ou d'apporter obstacle à l'exécution d'un acte de quelque autorité légale, ceux qui auront présidé aux délibérations, ou fait quelque acte tendant à leur exécution, feront, sur la dénonciation du procureur-général-syndic du département, & sur la poursuite du commissaire du roi, condamnés par les tribunaux à être rayés pendant deux ans du tableau civique, & déclarés inhabiles à exercer pendant ce temps aucune fonction publique.

I I.

En cas que lesdites sociétés, clubs, ou associations fissent quelques pétitions en nom collectif, quelques députations au nom de la société, & généralement tous actes où elles paroîtroient sous les formes de l'existence politique, ceux qui auront présidé aux délibérations, porté les pétitions, composé ces députations, ou pris une part active à l'exécution de ces actes, feront condamnés par la même voie à être rayés pendant six mois du tableau civique, suspendus de toutes fonctions publiques, & déclarés inhabiles à être élus à aucune place pendant le même temps.

I I I.

A l'égard des membres qui n'étant point inscrits sur le tableau des citoyens actifs, commettroient les délits mentionnés aux articles précédens, ils feront condamnés par corps à une amende de douze livres s'ils sont français, & de trois mille livres s'ils sont étrangers.

B 4

I V.

L'Affemblée nationale décrète que le rapport de fon ancien comité de conftitution fera imprimé avec la préfente loi.

Mandons & ordonnons à tous les corps adminiftratifs & tribunaux, &c.

RAPPORT

Sur les fociétés populaires, fait au nom du comité de conftitution.

MESSIEURS,

Il refte à votre ancien comité de conftitution un devoir à remplir ; il lui eft impofé & par vous, & par fon amour pour la chofe publique, & par fon defir d'affurer & de propager tous les principes confervateurs de la conftitution, qu'après deux ans & demi des travaux & d'alarmes, la France vient de recevoir.

Nous allons vous entretenir de ces fociétés que l'enthoufiafme pour la liberté a formées, auxquelles elle doit fon prompt établiffement, & qui dans des temps d'orages ont produit l'heureux effet de rallier les efprits, de former dés centres communs d'opinion, & de faire connoître à la minorité oppofante, l'énorme majorité qui vouloit & la deftruction des abus, & le renverfement des préjugés, & l'établiffement d'une conftitution libre.

Mais, comme toutes les inftitutions fpontanées que les motifs les plus purs concourent à former, & qui bientôt font écartées de leur but & par un grand changement dans les circonftances, & par d'autres caufes diverfes, ces fociétés populaires ont pris une efpèce d'exiftence politique qu'elles ne doivent pas avoir.

Tandis que la révolution a duré , cet ordre de chofes
a prefque toujours été plus utile que nuifible. Quand
une nation change la forme de fon gouvernement, chaque
citoyen eft magiftrat ; tous délibèrent & doivent délibérer fur la chofe publique ; & tout ce qui preffe , tout
ce qui affure , tout ce qui accélère une révolution , doit
être mis en ufage. C'eft une fermentation momentanée
qu'il faut foutenir & même accroître, pour que la révolution ne laiffant plus aucun doute à ceux qui s'y oppofent,
elle éprouve moins d'obftacles & parvienne plus promptement à fa fin.

Mais lorfque la révolution eft terminée , lorfque la
conftitution de l'empire eft fixée , lorfqu'elle a délégué
tous les pouvoirs publics, appelé toutes les autorités ,
alors il faut , pour le falut de cette conftitution, que tout
rentre dans l'ordre le plus parfait; que rien n'entrave
l'action des pouvoirs conftitués ; que la délibération &
la puiffance ne foient plus que là où la conftitution les a
placées, & que chacun refpecte affez & fes droits de citoyen
& les fonctions déléguées , pour ne pas excéder les uns,
& n'attenter jamais aux autres.

Trop de fervices ont été rendus à la chofe publique
par les fociétés des amis de la conftitution , trop de patriotifme les anime , pour qu'il foit en général néceffaire
de faire autre chofe envers elles, que d'avertir les citoyens
qui les compofent , des dangers qu'elles peuvent faire
courir à la chofe publique , & des contraventions auxquelles elles font entraînées par des hommes qui ne les
cultivent que pour les agiter, qui ne s'y font recevoir
que pour acquérir une forte d'exiftence, & qui n'y parlent
que pour préparer leurs intrigues, & pour ufurper une
célébrité fcandaleufe qui favorife leurs projets.

C'eft à nous à nous charger de cette inftruction fi utile ;
à nous qui allons confier le fruit de nos travaux à la
fidélité du premier Corps légiflatif, & qui devons écarter
de lui toute influence étrangère, ne fût-elle de nature

qu'à inquiéter un feul de fes membres ; à nous fondateurs de ces fociétés, qui, près de terminer l'ouvrage
qu'elles ont fi puiffamment aidé, devons leur témoigner
la reconnoiffance de la nation, en leur difant ce qu'elles
doivent être, & en leur défignant les limites que leur
affignent les lois conftitutionnelles.

C'eft à votre comité de conftitution, qui fans jamais
s'inquiéter de la popularité d'un jour, a frondé tous les
partis, bravé toutes les clameurs, méprifé toutes les
injures pour effayer de fe rendre utile ; c'eft à lui qu'appartient l'honneur de fixer vos derniers regards & d'appeler
l'attention des citoyens fur une partie importante de l'ordre
public ; & il regardera comme des titres à la bienveillance
future de la nation, les calomnies mêmes qu'il pourra
recevoir à cette occafion.

Il eft permis à tous les citoyens de s'affembler paifi-
blement. Dans un pays libre, lorfqu'une conftitution
fondée fur les droits de l'homme a créé une patrie, un
fentiment cher & profond attache à la chofe publique
tous les habitans de l'empire ; c'eft un befoin de s'en
occuper & d'en parler. Loin d'éteindre ou de comprimer
ce feu facré, il faut que toutes les inftitutions fociales
contribuent à l'entretenir.

Mais à côté de cet intérêt général, de cette vive affec-
tion que font naître l'exiftence d'une patrie & la libre
jouiffance des droits de citoyen, fe placent les maximes
de l'ordre public & les principes du gouvernement repré-
fentatif.

Il n'y a de pouvoirs que ceux conftitués par la volonté
du peuple exprimée par fes repréfentans ; il n'y a d'autorités que celles déléguées par lui ; il ne peut y avoir
d'actions que celles déléguées par lui ; il ne peut y avoir
d'action que celle de fes mandataires revêtus de fonctions
publiques.

C'eft pour conferver ce principe dans toute fa pureté,
que d'un bout de l'empire à l'autre, la conftitution a fait

disparoître toutes les corporations , & qu'elle n'a plus reconnu que le corps social & des individus.

C'eſt comme conséquence néceſſaire de ce principe, qu'elle a interdit toute pétition , toute affiche ſous un nom collectif ; décret bien calomnié par ceux qui vouloient renforcer leur factieuſe voix de l'autorité d'une ſociété , mais décret dont la ſageſſe a été reconnue par tous les hommes qui ont voulu méditer un peu ſur la nature du gouvernement que nous avons adopté.

Les ſociétés , les réunions paiſibles des citoyens , les clubs , ſont inapperçus dans l'Etat. Sortent-ils de la ſituation privée où les place la conſtitution , ils s'élèvent contre elle , ils la détruiſent au lieu de la défendre ; & ce mot précieux de ralliement (*ami de la conſtitution*) ne paroît plus qu'un cri d'agitation , deſtiné à troubler l'exercice des autorités légitimes.

Ces ſociétés compoſées en grande partie d'eſtimables citoyens , des véritables amis de la patrie , de défenſeurs zélés de la conſtitution , nous entendront aiſément quand nous leur dirons , que ſi la révolution les a quelquefois conduites à des actes extérieurs , la conſtitution établie les réprouve ;

Que ſans s'aſſimiler aux corporations détruites , ſans en former une bien plus dangereuſe que les anciennes , parce qu'elle étendroit ſes rameaux dans tout l'empire , elles ne peuvent pas avoir des affiliations à une eſpèce de métropole ; que cette réunion , cette correſpondance politique mènent néceſſairement à deux réſultats également funeſtes ; à prendre une exiſtence publique , & à entretenir ces diviſions que tout bon citoyen doit chercher à éteindre , & qui renaiſſent à chaque inſtant quand , à l'aide de biſarres & corporatives affiliations , il s'établit une eſpèce de privilége excluſif de patriotiſme , qui produit des accuſations contre les individus non ſectaires , & des haines contre les ſociétés non affiliées ;

Que des députations , des adreſſes ſous un nom collectif, l'affiftance à des cérémonies publiques, des recommandations, des certificats donnés à quelques favoris, la louange & le blâme diftribués à des citoyens, font autant d'infractions à la loi conftitutionnelle, ou des moyens de perfécution dont les méchans s'emparent;

Que des journaux de leurs débats, la publication de leurs arrêtés, des tribunes placées dans l'intérieur de leurs falles pour y recevoir des fpectateurs, font des actes contraires à la conftitution;

Qu'elles commettent un délit très - grave lorfqu'elles cherchent à prendre quelque influence fur les actes adminiftratifs ou judiciaires;

Que la révolution même n'a pas pu excufer ces mandats donnés à des fonctionnaires publics, pour venir rendre compte de leur conduite; ces voies de fait commifes pour détruire des procédures commencées contre de prétendus patriotes; cette audace qui a forcé un tribunal à défigner, dans fon auditoire, des places à des députés de club pour infpecter des inftructions criminelles & des jugemens; ces envois de commiffaires dans divers lieux, chargés de miffions qui ne pouvoient être conférées que par des autorités conftituées, & appartenir qu'à des hommes publics.

Sur tous ces faits il faut jeter un voile; il faut même que nous répétions qu'ils ont fouvent eu pour motif & pour but, de préferver nos efforts & notre ouvrage des atteintes de la malveillance; & qu'en déconcertant les manœuvres de celle-ci, ils hâtoient l'établiffement de la liberté.

Mais à préfent ce ne feroit plus qu'une forfaiture coupable, une attaque criminelle aux autorités établies par la conftitution; & fes amis, ceux qui ont juré fur leurs armes de la maintenir, ont contracté l'obligation de ne fe faire connoître que par le refpect le plus profond pour les pouvoirs conftitués, & l'éloignement le plus abſolu de toute idée d'une exiſtence politique proſcrite par la conſtitution.

Les ſociétés qui ſe ſont formées pour en apprendre, pour en ſoutenir les maximes, ne ſont que des réunions, que des clubs d'amis, qui ne ſont pas plus que tous les citoyens, les ſentinelles de la conſtitution. Ils peuvent s'inſtruire, diſſerter, ſe communiquer leurs lumières; mais leurs conférences, mais leurs actes intérieurs ne doivent jamais franchir l'enceinte de leurs aſſemblées; aucun caractère public, aucune démarche collective ne doivent les ſignaler.

Ces principes conſtitutionnels ne peuvent être conteſtés par perſonne; cependant nous les voyons encore violés: des pétitions, ſous un nom collectif, ſont interdites, & on en adreſſe au corps conſtituant lui-même, & on en placarde dans les rues, & on en fatigue les corps adminiſtratifs & les officiers municipaux. D'où viennent ces contraventions, qui ont pour auteurs les amis les plus fidèles de la conſtitution? ne les imputons pas aux ſociétés dont les intentions ſont pures, mais à quelques hommes qui les égarent.

Il faut donc armer tous les citoyens honnêtes, de ces vérités dont l'autorité peut devenir plus impoſante encore, quand elles ſont publiées par le corps conſtituant. La conſtitution eſt confiée à la ſollicitude & au courage de tous les français. Ceux qui marchent ſous ſon honorable bannière, ne ſouffriront pas l'idée de pouvoir être accuſés de la méconnoître & de la détruire.

Tout le monde a juré la conſtitution, tout le monde appelle l'ordre & la paix publique, tout le monde veut que la révolution ſoit terminée; voilà déſormais les ſignes non équivoques du patriotiſme. Le temps des deſtructions eſt paſſé: il ne reſte plus d'abus à renverſer, de préjugés à combattre: il faut déſormais embellir cet édifice dont la liberté & l'égalité ſont les pierres angulaires; il faut

faire chérir l'ordre nouveau à ceux mêmes qui s'en font
montrés les ennemis, & regarder comme nos plus re-
doutables adverfaires les hommes qui chercheroient à
calomnier ou à dégrader les autorités établies, à s'emparer
de quelques fociétés pour leur faire prendre un rôle actif
dans l'adminiftration publique, pour les rendre les cenfeurs
arbitraires, les turbulens détracteurs, & peut - être les
fubjugans defpotes des fonctionnaires publics.

Nous avons annoncé, meffieurs, que nous défirions
plutôt publier une inftruction, que provoquer des lois
répreffives. Nous favons que des lois faites avec trop
de détails fur cette matière, pourroient donner quelques
moyens de toucher à la liberté qui doit être facrée pour
le légiflateur, & dont fes actes doivent affurer & non
gêner l'exercice. Nous confidérons d'ailleurs que notre
ancien caractère, déja fenfiblement amélioré par les lois
nouvelles, a fait, des fociétés populaires, une efpèce de
mode dans laquelle chacun a voulu renchérir les uns fur
les autres ; & nous penfons qu'il faut laiffer à la raifon
le foin de réformer une partie des abus. Nous croyons
enfin, qu'une des grandes caufes de la confiftance de ces
fociétés a été d'avoir pour fondateurs & pour membres
la majorité des repréfentans du peuple. Nous faifions
une révolution, nous combattions une minorité ardente;
nous attaquions des préjugés bien vieux, des habitudes
bien puiffantes, des abus bien lucratifs, & par conféquent
bien protégés; nous avions befoin de nous réunir, de
préparer nos armes, de nous environner de tous les
citoyens qui chériffoient les droits du peuple, que nous
étions chargés d'arracher des mains de leurs ufurpateurs.

Ceux qui revêtus après nous de la confiance publique,
viennent exercer les pouvoirs que nous avons établis au
nom de la nation françaife, n'ont qu'à conferver, qu'à
entourer d'une légiflation fage une conftitution libre; ils
croiront fans doute qu'ils ne doivent difcuter les grands
intérêts de l'empire que comme légiflateurs, & non comme

simples citoyens ; & que pour accomplir dignement leur million plus paifible que la nôtre , ils doivent fe garantir de toute influence extérieure.

La nation attend d'eux la paix & l'affermiffement de l'ordre public ; leur honorable tâche eft de faire jouir la France de la conftitution qu'elle a reçue & jurée. Ils n'ont point befoin que l'opinon publique fe manifefte par des mouvemens : elle eft connue ; tous les français veulent avoir promptement tous les avantages de la liberté & de l'égalité ; ils veulent, à l'abri de ces immortels droits de l'homme, rendre au commerce fa fplendeur , à l'agriculture fon activité, à l'induftrie toutes fes reffources; ils veulent que nos ennemis ne puiffent bientôt appercevoir les traces de la révolution , que dans la profpérité de l'empire.

Après avoir parlé des maximes conftitutionnelles & des actes qui les offenfent, avons-nous befoin de dire que l'exiftence publique des fociétés, leurs affiliations, leurs journaux, leurs pétitions en nom collectif, leur influence illégale, font propres à alarmer tous les citoyens paifibles, & à éloigner tous ceux qui veulent vivre tranquillement fous la protection des lois ?

Il eft dans la nature des chofes , que des fociétés délibérantes cherchent à acquérir quelque influence extérieure; que des hommes pervers ou ambitieux tentent de s'en emparer, & d'en faire des inftrumens utiles à leur ambition ou à leur vengeance. Si les actes de ces fociétés deviennent publics, fi des affiliations les tranfmettent, fi des journaux les font connoître, on peut rapidement avilir ou décréditer une autorité conftituée, diffamer un citoyen; & il n'y a pas d'homme qui puiffe réfifter à cette calomnie. Il a été accufé, c'eft par fon ennemi ; on a donné, chofe trop facile, on a donné à l'accufation un air de civifme ; elle a été applaudie dans la fociété , quelquefois accueillie ; toutes les fociétés affiliées en font

inftruites , & l'homme le plus honnête , le fonctionnaire
public le plus intègre , peut être la victime de la ma-
nœuvre habile d'un méchant. Sous l'afpect de la morale
& des mœurs, comme fous celui de la conftitution ,
il ne faut donc ni affiliations de fociétés , ni journaux
de leurs débats.

Croyez que c'eft beaucoup à cela que tiennent l'ordre
public, la confiance & la fécurité d'une foule de citoyens :
nul ne veut avoir d'autre maître que la loi. Si les fociétés
pouvoient avoir quelque empire , fi elles pouvoient dif-
pofer de la réputation d'un homme; fi corporativement
formées , elles avoient , d'un bout de la France , des
ramifications & des agens de leur puiffance, les fociétaires
feroient les feuls hommes libres , ou plutôt la licence
de quelques affiliés détruiroit la liberté publique. Il ne
faut donc ni affiliation de fociétés , ni journaux de leurs
débats.

Nous ne vous propofons que trois articles de loi. Ils
ne portent que fur ces actes qui ufurperoient une partie
de la puiffance publique, ou qui arrêteroient fon action ;
tout le refte eft abandonné à l'influence de la raifon & à
la follicitude du patriotifme.

2059.

L O I

Portant que la caiffe de l'extraordinaire avancera à la municipalité de Rennes quinze mille livres par mois.

Donnée à Paris le 9 octobre 1791.

Louis, par la grace de Dieu, &c.

Décret du 20 feptembre 1791.

L'Affemblée Nationale, fur la demande & foumiffion du confeil-général de la commune de la ville de Rennes, portant engagement de fe conformer aux difpofitions du décret du 5 août dernier, l'avis du directoire du diftrict & l'arrêté du directoire du département d'Ille & Vilaine, ouï le rapport de fon comité des contributions publiques, décrète:

Qu'en exécution de l'article IX du décret du 5 août dernier, la caiffe de l'extraordinaire fera à la municipalité de Rennes une avance de quinze mille livres par mois, pour les fix derniers mois de l'année courante, lefquelles feront reftituées avec les intérêts à ladite caiffe, favoir; les deux tiers fur le produit du bénéfice attribué à la municipalité dans la vente des domaines nationaux, & l'autre tiers fur les fous pour livre additionnels aux contributions foncière & mobiliaire.

Les fommes provenant defdites avances ne pourront être employées qu'au paiement des dettes exigibles & des dépenfes municipales des fix derniers mois des l'année préfente, fur des états de diftribution approuvés, mois par mois, par le directoire de département.

Mandons & ordonnons à tous les corps adminiftratifs & tribunaux, &c.

L o i *du 9 Octobre* 1791.

2060.

L O I

Portant qu'il sera avancé la somme de quatre cent mille livres à la commune de Toulouse.

Donnée à Paris le 9 octobre 1791.

Louis, par la grace de Dieu, &c.

Décret du 13 *septembre* 1791.

Sur la pétition de la commune de Toulouse, tendante à ce que, conformément à l'article IX du décret du 5 août dernier, il lui soit avancé, par la caisse de l'extraordinaire, la somme de quatre cent mille livres, remboursables, tant sur le bénéfice qui revient à cette municipalité dans la vente des domaines nationaux qui lui ont été adjugés, que sur les sous pour livre additionnels destinés à ses dépenses municipales ; vu l'opinion du directoire du district de Toulouse, & l'avis du directoire du département de la Haute-Garonne, l'Assemblée nationale décrète que la caisse de l'extraordinaire fournira à la commune de Toulouse une avance de quatre cent mille livres en quatre paiemens égaux, aux 30 septembre, 30 octobre, 30 novembre & 30 décembre prochains, à la charge par la commune de Toulouse, de faire les soumissions ordonnées par ledit décret du 5 août, & de les effectuer dans les délais y prescrits ; & en outre, à la charge que lesdites quatre cent mille livres, deux cent mille seront remboursées avec les intérêts sur le bénéfice attribué à la commune de Toulouse, dans la revente des domaines nationaux dont elle s'est rendue adjudicataire,

& les deux cent mille autres , en fix paiemens égaux , dans les fix premiers mois de 1792 , fur le produit des fous pour livre additionnels deftinés aux dépenfes municipales de Touloufe , pendant les années 1791 & 1792.

Mandons & ordonnons à tous les corps adminiftratifs & tribunaux , &c.

2061.

L O I

Relative à l'emplacement de l'adminiftration des traites , de la régie des domaines & de l'enregiftrement , de la confervation foreftière & du bureau de comptabilité.

Donnée à Paris le 9 octobre 1791.

Louis , par la grace de Dieu , &c.

Décret du 16 *feptembre* 1791.

L'Affemblée Nationale décrète :

ARTICLE PREMIER.

L'adminiftration des traites fera établie à l'hôtel Grifenois , faifant partie de celui des fermes.

I I.

La régie des domaines & de l'enregiftrement étant établie par le décret du 16 juillet à l'hôtel de l'ancienne régie, la confervation foreftière & les payeurs de rentes feront établis à l'hôtel de Mefme, rue Sainte-Avoye ; en conféquence, la portion du décret du 16 juillet fera rapportée.

C 2

III.

Les bureaux de la comptablité générale occuperont l'hôtel de Sérilly, vieille rue du Temple.

Mandons & ordonnons à tous les corps administratifs & tribunaux, &c.

2062.

LOI

Qui accorde une indemnité de deux mille livres à M. de Santo-Domingo.

Donnée à Paris le 9 octobre 1791.

Louis, par la grace de Dieu, &c.

Décret du 27 septembre 1791.

L'Assemblée Nationale décrète ce qui suit :

Il sera payé au trésor national à M. de Santo-Domingo, la somme de deux mille livres en indemnité, pour le séjour qu'il a fait à Paris par ordre de l'Assemblée.

Mandons & ordonnons à tous les corps administratifs & tribunaux, &c.

2063.

L O I

Relative au paiement de la folde des gardes nationales du
département du Var.

Donnée à Paris le 9 octobre 1791.

Louis, par la grace de Dieu , &c.

Décret des 24 *feptembre* 179**.**

L'Affemblée Nationale décrète ce qui fuit :

La tréforerie nationale fera payer , fur l'ordonnance
du miniftre de l'intérieur, la fomme de vingt-trois mille
cent vingt-trois livres neuf fous, pour la folde des gardes
nationales du département du Var, qui ont été en-
voyées fur le Var , pour protéger cette frontière qui
paroifloit menacée.

Mandons & ordonnons à tous les corps adminiftratifs
& tribunaux , &c.

C 5

2064.

L O I

Relative au compte du sieur Baudoüin, imprimeur de l'Assemblée nationale, & qui lui accorde une gratification de quarante mille livres.

Donnée à Paris le 9 octobre 1791.

Louis, par la grace de Dieu, &c.

Décret du 30 septembre 1791.

L'Assemblée Nationale, après avoir entendu le rapport de son comité des finances sur le compte de clerc-à-maître présenté par le sieur Baudoüin, son imprimeur, des impressions faites pour l'Assemblée, depuis le 15 juin 1789, jusqu'au premier septembre 1791, décrète:

ARTICLE PREMIER.

Les commissaires de la trésorerie nationale feront payer, sur les ordonnances du ministre de l'intérieur, à M. Baudoüin la somme de deux cent dix-sept mille quatre cent quatre - vingt - quatorze livres pour ses impressions jusqu'au premier septembre 1791, sans préjudice de ce qui lui sera dû pour les impressions du mois de septembre.

I I.

Pour lui tenir lieu des bénéfices qu'il eût pu espérer sur son travail, il lui sera en outre payé une gratification de la somme de quarante mille livres; & le témoignage de la satisfaction de l'Assemblée sera consigné dans son procès-verbal.

Mandons & ordonnons à tous les corps administratifs & tribunaux, &c.

2065.

L O I

Qui accorde deux cents livres au sieur Gory.

Donnée à Paris le 9 octobre 1791.

Louis, par la grace de Dieu, &c.

Décret du 30 septembre 1791.

L'Assemblée Nationale décrète qu'il sera accordé deux cents livres au sieur Gory, secrétaire de la commission envoyée par l'Assemblée nationale dans les départemens du Nord, du Pas-de-Calais & de l'Aisne.

Mandons & ordonnons à tous les corps administratifs & tribunaux, &c.

C 4

L o i *du* 9 *Octobre* 1791.

2066.

L O I

Contenant l'état de répartition de la somme de quarante-quatre mille livres entre les employés dans les différens comités & bureaux de l'Assemblée nationale.

Donnée à Paris le 9 octobre 1791.

Louis , par la grace de Dieu , &c.

Décret du 30 *septembre* 1791.

L'Assemblée Nationale , vu l'état ci - après , décrète que les sommes y portées seront payées conformément à la répartition portée audit état :

Et at de répartition de la somme de quarante - quatre mille livres entre les employés dans les divers bureaux de l'Assemblée nationale , en exécution du décret du 26 *septembre* 1791.

S a v o i r ,

NOMS DES COMITÉS ET BUREAUX.	NOMS DES COMMIS.	SOMMES à DÉLIVRER.
Procès-verbaux	MM. Leger	1,000
	Gory	600

NOMS DES COMITÉS ET BUREAUX.	NOMS DES COMMIS.	SOMMES à DÉLIVRER.
Procès-verbaux	MM.	
	Braille	1,000[tt]
	Platteau	1,000
	Pierre	800
	Vannerel	600
	Sauvageot du Croissy	600
	Philidor	
Correspondance	Ferez	1,000
	Aubusson	800
	Renvoizé	600
	Lepage	400
Renvois	Atrux	600
	G. Vaillant	400
	Le Harivel	400
	Baboin	400
	Henry	400
Domaines	Molandre	1,000
	Criel	600
	Hullart	100
	Maigrot	100
	Camus	100
	Perrot	200
	Huilliot	100
	Defifs	100
	Drolot	100
Pensions	Beaugrand	1,000
	Chaper	600
	Vié	400
	Farcot	150

NOMS DES COMITÉS ET BUREAUX.	NOMS DES COMMIS.	SOMMES à DÉLIVRER.
	MM.	
Archives	Egaffe	800tt
	Vigneux	800
	Lecoq	600
	Defarthe	300
Recherches	Richard	300
Militaire	Blochet	800
	Delagrange	300
Contributions publiques	Pitot	800
	Gelée	200
	Mathieu Roudeville	800
Central & Particulier	Periot	150
	Soulés	100
	Delpature	100
	Maguis	100
	Doulelot	100
Judicature	Defannetz	400
	Molandre	200
	Rouffeau	150
Rapports	Vaillant	1,000
	Huffenet	300
	Gamier	300
	Chaulay	150
	Dupuis	100
	Chachoin	100
Eccléfiaftique	Schlick	100
	Coquelin	300
	Noret	150
	Mouzay	100
	Bourgoin	100

NOMS DES COMITÉS ET BUREAUX.	NOMS DES COMMIS.	SOMMES à DÉLIVRER.
	MM.	
	Raufin	150ˡᵗ
Ecclésiastique	Debras	150
	Lair	100
	Paulin	100
	Juhel	300
	Martin	150
	Liger	100
	Ouilhe	150
	Chriftin	100
	Danins	
	Touton	
	Rollin	
	D'Hivernois	
	Leclerc	
	Carandan	100
	Vacquier	
	Perticor	
	Ruphy	
Ecclésiastique & Alié-nation	Oudrys	
	Malingre	
	Durozelle	1,000
	Viennot, jeune	100
	Recourse	100
	Dorigny	150
	Dorigny, jeune	100
	Lamant	100
	Charles	
	Pinon	100
	Muguerot, jeune	100
	Derivelle	100
	Petau	100
	Boucher	100
	Blignières	100

NOMS DES COMITÉS ET BUREAUX.	NOMS DES COMMIS.	SOMMES à DÉLIVRER.
	MM.	
	Boucher de Chauli···	100ᵗᵗ
	Charbonneau········	100
	Lamyrault ·········	100
	Viennot···········	
	Foreſt·············	100
	Delorraine·········	
	Boucardpetit ·······	100
	Pallu·············	100
	Picard ············	100
	Diamy ············	100
	Piolan Fochier ·····	100
	Travault ··········	100
	Lamothe ··········	100
	Billiard···········	100
	Martinet ··········	
	Boutteville·········	100
Eccléſiaſtique & Aliénation ·············	Marcotte Forceville··	100
	Raiſon , jeune·······	100
	Rolland ···········	100
	Hodelin ···········	100
	Châteaulandon ·····	
	Blamecourt ········	100
	Hébert············	100
	Breſtard ··········	100
	Requard···········	100
	Leraſle ···········	100
	Georges ··········	100
	Thibaudeau········	100
	Guyard ···········	
	Froidure ··········	100
	Brigonnet·········	100
	Lebas············	100
	Tourné ···········	100
	Tourné , jeune ·····	
	Doniet ············	100

NOMS DES COMITÉS ET BUREAUX.	NOMS DES COMMIS.	SOMMES à DÉLIVRER.
	MM.	
Eccléfiaftique & Aliéna-tion	Boucherie	100tt
	Chenu	100
	Arrighi	100
	Davouft	100
	Parade	100
Salubrité	Riché	300
	Simon	150
Colonial	Dumorice	150
	Brunot-Villeroi	100
	Mirande	100
Marine	Demanyès	800
	Blavier	150
Décrets	Giraud, l'aîné, à dé-duire la gratification qu'il a reçue	800
	De Behaigue, à dé-duire la gratification qu'il a reçue	400
Féodalité	Paris	200
Commis de la falle	Bondu	600
Lettres de cachet	Rey	400
Finances	Petit Viennet	400
	Grangier	150
	Diacou	150
	Jaquet	200
	Durand	800
	Durand, fils	100
	Campertry	800
Agriculture & Com-merce	Boiffeau	600
	Charrier	200
	Maurice	100

NOMS DES COMITÉS ET BUREAUX.	NOMS DES COMMIS.	SOMMES à DÉLIVRER.
	MM.	
	Vielh · · · · · · · · · · · · · · ·	400ᵗᵗ
	Heiquard · · · · · · · · · · ·	150
	Lafontaine · · · · · · · · ·	100
	Lambert · · · · · · · · · · ·	100
Mendicité · · · · · · · · · · ·	Cofne · · · · · · · · · · · · ·	100
	Loffe · · · · · · · · · · · · ·	100
	Daffarts · · · · · · · · · · ·	100
	Blanchard · · · · · · · · · ·	100
	Dianyers · · · · · · · · · · ·	100
	Agaffe · · · · · · · · · · · · ·	100
Diftribution · · · · · · · · ·	Baft · · · · · · · · · · · · · ·	150
	Giraud, jeune · · · · · · ·	100
Scrutins · · · · · · · · · · · ·	Devilliers · · · · · · · · · ·	100
Contre-feing · · · · · · · · ·	Bonfin · · · · · · · · · · · ·	200
	Efperamont · · · · · · · · ·	150
	Abancourt · · · · · · · · · ·	1,000
	Sombarde · · · · · · · · · ·	200
Conftitution & Revifion.	Lambert · · · · · · · · · · ·	100
	Leblanc · · · · · · · · · · ·	200
	Gallemant · · · · · · · · · ·	100
	Gillet · · · · · · · · · · · ·	400
Divifion · · · · · · · · · · · ·	Leroux · · · · · · · · · · · ·	200
	Mufeux · · · · · · · · · · · ·	150
Porteur de lettres · · · · ·	Charon · · · · · · · · · · · ·	100
	T O T A L · · ·	44,000ᵗ

Mandons & ordonnons à tous les corps administratifs & tribunaux, &c.

2067.

L O I

Qui accorde trente-huit mille deux cent quatre-vingt-onze livres seize sous au directeur de la liquidation, pour les frais d'établissemens de ses bureaux.

Donnée à Paris le 9 octobre 1791.

Louis, par la grace de Dieu, &c.

Décret du 28 septembre 1791.

L'Assemblée Nationale, ouï le rapport de son comité de liquidation, décrète qu'il sera payé au commissaire du roi, directeur-général de la liquidation, la somme de trente-huit mille deux cent quatre-vingt-onze livres seize sous pour les frais d'établissement de ses bureaux, & frais desdits bureaux, jusqu'au premier avril dernier.

Mandons & ordonnons à tous les corps administratifs & tribunaux, &c.

L O I *du* 12 *Octobre* 1791.

2068.

L O I

Relative aux troupes destinées pour Pondichery.

Donnée à Paris le 12 octobre 1791.

Louis, par la grace de Dieu, &c.

Décret du 3 *septembre* 1791.

L'Assemblée Nationale décrète ce qui suit :

ARTICLE PREMIER.

Il sera envoyé de France six cents recrues d'infanterie, & cent quarante hommes d'artillerie, dont parties seront prises au dépôt de l'Orient, pour être transportées directement à Pondichery, ou qui remplaceront à l'Isle-de-France ce qui aura été tiré de la garnison pour faire passer à Pondichery. Les frais de levée & entretien seront portés dans les dépenses du dépôt.

II.

Les frais de transport, à raison de deux cent cinquante livres par homme jusqu'à l'Isle-de-France, cent cinquante livres de l'Isle-de-France à Pondichery, & trente livres par homme pour les fournitures, forment au total, trois cent dix-huit mille deux cents livres, suivant la demande du ministre, dont l'état est ci-joint.

III.

I I I.

La folde defdites troupes, celle des Sipahis, & les fortifications faites & ordonnées en 1791, pour 1792, à caufe de la diftance qui ne permet pas d'arriver avant le premier avril prochain, monte, d'après le même état du miniftre, à fept cent dix-fept mille cinq cents livres.

I V.

Le miniftre eft autorifé à donner les ordres néceffaires pour faire exécuter ce remplacement.

Mandons & ordonnons à tous les corps adminiftratifs & tribunaux, &c.

2069.

L O I

Relative aux conceffions des domaines nationaux de l'Ile de Corfe.

Donnée à Paris le 12 octobre 1791.

Louis, par la grace de Dieu, &c.

Décret du 5 feptembre 1791.

L'Affemblée Nationale décrète ce qui fuit :

ARTICLE PREMIER.

Les dons, conceffions, accenfemens & inféodations, & tous autres actes d'aliénation, fous quelque dénomination que ce soit, & qui sont compris dans le tableau suivant de divers domaines nationaux situés dans l'île de Corse, fait depuis 1768, époque de sa réunion à la France, par divers arrêts du conseil, lettres-patentes & autres actes, sont révoqués, & conformément aux lois domaniales, sont & demeurent réunis au domaine national.

1°. Le domaine des Porrettes, concédé en 1789, en faveur du sieur Pellinot, l'aîné.

2°. L'étang de Biguglia & de Chivalino, & dépendances, concédé au sieur Butafoco, par lettres-patentes du 10 juillet 1776.

3°. Le domaine des Agriattes, concédé à François-Joseph, prince français, par un bon du roi, en date du mois de janvier 1772.

4°. Le procoïo d'Aléria, concédé au sieur Casabianca, par arrêt du conseil du 30 juillet 1776, revêtu de lettres-patentes, le 8 septembre suivant.

5°. L'étang de Salé, démembré du procoïo d'Aléria, & concédé à M. Ferdinando Agostani, par contrat du 23 février 1775.

6°. Le procoïo de Vignale, la forêt du Pinca, & l'étang d'Ourbino, concédés au sieur Gauthier, ci-devant premier président au ci-devant conseil supérieur de l'île de Corse.

7°. Le terrein & masures sis à la plage de San-Pelegrino, concédés au sieur Mari, par acte du 4 mars 1776.

8°. Les îles Cavallo & Lavezzo, concédées à la famille Maffaroni.

9°. Le procoïo de Santa-Giulia, concédé au sieur de Maimbourg, par lettres-patentes du 5 mai 1778, & par contrat du 5 février 1781.

10°. Le domaine de Porto-Vecchio, inféodé pour 25 ans au sieur Colonna.

11°. Presqu'île de la Parata, dite la *Chasse des commissaires Génois*, inféodée pour 40 ans, par acte du 14 octobre 1776, au sieur Gautier.

12°. Le domaine de la Confina, à feu sieur Georges-Marie Stephanopoli, & sa fille, par lettres-patentes du 17 juillet 1778.

13°. Les îles Sanguinaires, concédées à la famille Ponte d'Ajaccio en 1640, par la république de Gènes, moyennant trente - deux livres de cens, dont le sieur Jacques-Marie Ponte a obtenu la remise, sa vie durant, par acte du 30 septembre 1770.

14°. Les bois & terres de Verdana, concédés aux sieurs Pozzo, Liburgo, Colonna & Ginarga, & autres particuliers, par acte du 12 septembre 1781.

15°. Domaine de Chiavari, concédé, 1°. au sieur de Rossy, par lettres-patentes du 26 avril 1778, & par contrat du 22 décembre 1780; 2°. au sieur de Commènes & à sa famille, par arrêt du conseil du 16 janvier 1777, & par arrêt interprétatif, du 20 décembre 1789; & 3°. au sieur Fleury.

16°. Le domaine de cent arpens dans le territoire de Sia, concédé au sieur Beneditti d'Olta.

17°. Le domaine de Galeria, concédé en diverses parties au sieur Murat - Sistrières, les sieur & dame de Mauder, le sieur Octavio Colonna, le sieur Brutoux de Fontblanc, le sieur Lyde.

18°. Trois magasins sous Fornali, dans le golfe de Sant-Floran, concédés à feu sieur Gartanbal, & par lui cédés au sieur Sitivox.

I I.

Les trois colons Lorrains qui font établis dans le domaine des Porrettes, font maintenus dans la propriété des terreins qu'ils pofsèdent.

I I I.

Les conceffionnaires & détenteurs dont les titres font révoqués, remettront inceffamment leurs titres & mémoires au commiffaire du roi, directeur-général de la liquidation, pour être procédé, s'il y a lieu, à la liquidation de leurs créances, & des indemnités qu'ils pourront prétendre.

I V.

Dans le cas où les indemnités prétendues auroient pour caufe des conftructions, améliorations, defféchemens ou défrichemens fur les biens ou domaines nationaux, concédés ou inféodés, il ne fera procédé à leur liquidation qu'après des eftimations par experts convenus entre les conceffionnaires & le directoire du département, ou à défaut, nommés d'office par le directoire, lequel donnera fon avis, après avoir pris celui du diftrict de la fituation des biens.

V.

Tout ce qui concerne la régie, adminiftration & exploitation des bois & forêts nationaux fitués dans l'île & département de Corfe, fera réglé conformément à la loi pour l'adminiftration foreftière du royaume.

V I.

Les communes ou les particuliers qui prétendront droit

à la propriété de quelques bois , forêts ou terreins réunis au domaine national, se pourvoiront pardevant les tribunaux de diſtrict de la ſituation des biens , pour y être ſtatué contradictoirement avec le procureur - général-ſyndic du département , & ſur les concluſions des commiſſaires du roi près leſdits tribunaux.

V I I.

A l'égard deſdites communes ou particuliers qui prétendront des droits d'uſage à exercer ſur leſdits bois , forêts & terreins nationaux , ils ſe pourvoiront pardevant le directoire du département , pour y être ſtatué par voie de cantonnement, après que le droit aura été reconnu pardevant les tribunaux de diſtrict.

Mandons & ordonnons à tous les corps adminiſtratifs & tribunaux , &c.

2070.

L O I

Relative à une nouvelle fabrication de monnoie de cuivre.

Donnée à Paris le 12 octobre 1791.

Louis, par la grace de Dieu , &c.

Décret du 6 ſeptembre 1791.

L'Aſſemblée Nationale, après avoir entendu ſon comité des monnoies, décrète que les flaons de cuivre dépoſés à l'hôtel des monnoies de cette ville par le ſieur Deleſſert , & une quantité égale qu'il a annoncé devoir y faire inceſſamment arriver , le tout compoſant environ quarante-cinq mille marcs, ſeront ſans délai mis en fabri-

D 3

cation, pourvu qu'ils se trouvent conformes, pour la taille
& le poids, à ce qui est prescrit par les précédens
décrets de l'Assemblée nationale, & que lesdits fiaons ne
soient payés audit sieur Delessert que sur le pied accordé
aux autres fournisseurs.

Mandons & ordonnons à tous les corps administratifs
& tribunaux, &c.

2071.

LOI

Additionnelle relative à la navigation des rivières de Juine
& d'Essonne.

Donnée à Paris, le 12 octobre 1791.

Louis, par la grace de Dieu, &c.

Décret du 13 septembre 1791.

L'Assemblée Nationale, après avoir entendu ses comités
des rapports & d'agriculture, sur la pétition à elle présentée
le 23 août dernier par le sieur Romainville, décrète qu'il n'y
a pas lieu à délibérer, & que le décret du 18 août dernier,
qui autorise les sieurs Grignet, Gerdret, Lejay & compagnie, à rétablir la navigation des rivières de Juine &
d'Essonne, à établir un flottage sur le ruisseau le Renard,
& à ouvrir une nouvelle navigation depuis Pithiviers
jusqu'à la Loire, sera exécuté dans ses différentes dispositions ; à la charge par les sieurs Grignet & compagnie,
de commencer lesdits ouvrages dans le délai fixé par ce
décret, aux charges y énoncées, & de les achever dans
le délai de quatre années ; & à faute par eux de remplir
l'une & l'autre de ces conditions, ils seront déchus du

bénéfice de ce décret, fans pouvoir répéter, à la charge de la nation, aucune indemnité pour raifon des dépenfes ou ouvrages qu'ils auroient pu avoir faits.

Mandons & ordonnons à tous les corps adminiftratifs & tribunaux, &c.

2072.

L O I

Sur l'organifation d'une cour martiale maritime.

Donnée à Paris le 12 octobre 1791.

Louis, par la grace de Dieu, &c.

Décret du 20 *feptembre* 1791.

L'Affemblée nationale décrète ce qui fuit :

TITRE PREMIER.

Cour martiale maritime & fa compofition.

ARTICLE PREMIER.

Il fera établi dans chacun des ports de Breft, Toulon, Rochefort & l'Orient, une cour martiale maritime, qui fera compofée d'un grand juge & de deux affeffeurs. L'ordonnateur fera les fonctions de grand juge ; le plus ancien des capitaines de vaiffeaux qui fe trouveront dans le port, & le plus ancien des chefs d'adminiftration, feront celles d'affeffeurs.

D 4

Sa compétence.

I I.

Les cours martiales établies par l'article précédent, prononceront fur tous les délits commis dans les arfenaux, & fur tous ceux relatifs au fervice maritime, commis par les officiers d'adminiftration & tous autres employés dans le département de la marine, autres que les délits de police fimple & de police correctionnelle.

I I I.

Elles prononceront également fur tous les délits militaires commis à terre par les officiers de la marine militaire, & par les officiers, fous-officiers & foldats des troupes de la marine. Les équipages des bâtimens en armement, feront également foumis à leur juridiction pour les délits commis relatifs au fervice maritime, jufqu'au moment de la mife en rade, & au défarmement depuis la rentrée dans le port, jufqu'au licenciement de l'équipage.

I V.

La cour martiale ne prononcera que fur le rapport d'un juré.

V.

Il y aura dans chaque port un commiffaire-auditeur. Le commiffaire-auditeur fera à la nomination du Roi. Les conditions de fon admiffibilité feront pour l'avenir les mêmes que celles exigées pour le commiffaire du Roi dans les tribunaux de diftrict.

V I.

En cas d'abfence ou d'empêchement, l'ordonnateur

fera remplacé par celui qui eft appelé par la loi à remplir fes fonctions ; le plus ancien capitaine de vaiffeaux & le chef d'adminiftration, par ceux de leur grade qui fuivront immédiatement ; & le commiffaire-auditeur, par le chef de la gendarmerie nationale maritime.

V I I.

La cour martiale aura un greffier, qui fera également attaché au confeil d'adminiftration & à la gendarmerie nationale maritime : il fera à la nomination du Roi.

V I I I.

Le jury fera compofé de fept jurés, dont quatre de grade fupérieur à celui de l'accufé, & trois de grade égal ou état correfpondant.

A défaut de perfonnes du grade de l'accufé, il en fera pris dans les grades fupérieurs ; & à défaut de perfonnes des grades fupérieurs, on prendra dans le grade ou état de l'accufé, & enfuite dans le grade inférieur.

I X.

Les jurés feront indiqués en nombre double de chaque grade, & l'accufé propofera fes récufations, conformément à la loi du 22 août 1790.

X.

Lorfqu'il y aura plufieurs accufés, le nombre des jurés indiqués fera de huit de grade fupérieur à tous les accufés, & de fix jurés de plus pour chacun des accufés, pris dans le grade ou état refpectif de chaque accufé.

X I.

La récufation fera faite par les accufés, enfemble ou féparément, de manière qu'il refte toujours quatre jurés de grade fupérieur, & trois des autres grades.

Si la récufation eft faite féparément, chaque accufé, en commençant par le plus jeune, récufera tour-à-tour un juré, jufqu'à ce qu'il en refte quatre de grade fupérieur & trois des autres grades.

X I I.

Les forçats font exceptés des difpofitions précédentes; ils feront jugés fans jury fur la pourfuite du commiffaire-auditeur, par la cour martiale.

Le commiffaire-auditeur inftruira les procédures, & donnera fes conclufions.

Forme de procéder.

X I I I.

Chaque commiffaire-auditeur recevra les dénonciations qui lui feront faites par les chefs, ou par toutes autres perfonnes, de tout délit prétendu commis dans les arfenaux, & des délits relatifs au fervice, commis par les militaires & tous autres agens du département de la marine en exercice de fonctions. Il aura foin d'exiger du dénonciateur la déclaration circonftanciée des faits, la remife des pièces fervant à conviction, & l'indication des témoins qui peuvent fervir à la preuve. La dénonciation fera fignée par le dénonciateur, s'il fait figner; & s'il ne fait pas figner, par deux témoins, en préfence defquels elle devra être faite en pareil cas.

X I V.

Le commiſſaire-auditeur ſera tenu de rendre plainte de tous les délits prétendus commis dans les arſenaux, & de ceux commis par les employés du département de la marine dans l'exercice de leurs fonctions, dans les vingt-quatre heures qu'il en aura eu connoiſſance par voie de dénonciation, par la clameur publique ou autrement ; comme auſſi de conſtater immédiatement par procès-verbal, le corps & les circonſtances du délit, s'il a laiſſé des traces permanentes.

X V.

Le commiſſaire-auditeur qui aura connoiſſance de tous les délits relatifs au ſervice maritime, commis hors de ſon arrondiſſement, ſera tenu d'en avertir, ſans aucun délai, celui de ſes confrères dans l'arrondiſſement duquel ces délits paſſeront pour avoir été commis, & de lui envoyer tous les renſeignemens qu'il aura pu ſe procurer, notamment copie de la dénonciation, s'il en a reçu une.

X V I.

Sera pareillement tenu le commiſſaire-auditeur qui aura connoiſſance d'un délit civil commis dans ſon arrondiſſement & hors de l'arſenal, d'en avertir immédiatement tel magiſtrat civil qu'il appartiendra, du lieu dans lequel ce délit paſſera pour avoir été commis, & de lui envoyer tous les renſeignemens qu'il aura pu ſe procurer, notamment copie de la dénonciation, s'il en a reçu une.

X V I I.

Le commiſſaire-auditeur qui ſera dans le cas de porter une plainte, la dreſſera par écrit, faiſant mention du dénonciateur, s'il y en a un ; il la communiquera au major-général de la marine, ſi les accuſés ſont militaires, ou au contrôleur du port, ſi l'accuſé eſt agent de l'admi-niſtration ou employé dans le port, & requerra l'indi-cation d'un jury ; il requerra en même temps du grand juge, l'ordonnance néceſſaire pour l'inſtruction & le ju-gement.

X V I I I.

Le commiſſaire-auditeur, lorſqu'il aura conſtaté par procès-verbal le corps du délit & les principales circonſ-tances, pourra faire arrêter & conſtituer priſonnier l'ac-cuſé, s'il ne l'eſt pas déja en vertu des ordres de ſes chefs, & des règles de la diſcipline militaire, ou de la police des arſenaux : s'il l'eſt, il le fera écrouer ſur le regiſtre de la priſon ; en même temps il lui fera donner copie certifiée par le greffier, de la plainte & du pro-cès-verbal, ou des procès-verbaux qui auront été dreſſés en exécution de l'article XIV. L'accuſé ſera pareillement averti qu'il lui eſt libre de prendre ou de demander un conſeil.

X I X.

La priſon dans le port, ou les fers ſur les vaiſſeaux, ſont une punition militaire pour les fautes de diſcipline ; mais par rapport à l'homme prévenu ou accuſé d'un délit, ils ne ſont plus qu'un moyen de ſûreté ; ainſi les chefs qui feront empriſonner quelqu'un comme prévenu d'un délit, ne pourront, ſous aucun prétexte, aggraver ſa détention, en y ajoutant une eſpèce de peine ou de privation qui ne ſeroit pas indiſpenſable pour s'aſſurer de ſa perſonne.

X X.

Le lieu, le jour & l'heure auxquels le grand juge &

fes affeffeurs, ou leurs fuppléans, devront tenir la cour martiale, feront fixés par l'ordonnance du grand juge. Elle portera réquifition au major-général de la marine ou au contrôleur d'y faire trouver les jurés, & à l'auditeur d'y produire fes témoins, & d'y faire amener l'accufé ou les accufés. La cour martiale fe tiendra toujours le matin.

X X I.

L'ordonnance du grand juge fera communiquée au major-général ou au contrôleur, par le commiffaire-auditeur, & notifiée, à fa diligence, tant à l'accufé qu'aux témoins.

X X I I.

Les témoins qui ne comparoîtront pas, & qui ne feront pas propofer d'excufe légitime, feront cités une feconde fois à leurs frais; & s'ils ne comparoiffent pas cette feconde fois, ils feront, en vertu de l'ordonnance du grand juge de la cour martiale maritime, appréhendés au corps, amenés & condamnés aux frais de leur arreftation & conduite, ainfi qu'à une amende qui ne pourra pas être moindre de la valeur d'une demi-once, ni plus forte que la valeur d'un marc d'argent.

X X I I I.

Au jour & à l'heure indiqués par l'ordonnance du grand juge, lui & fes deux affeffeurs, le commiffaire-auditeur, le greffier & toutes les perfonnes défignées pour le jury, fe rendront dans une des falles de l'arfenal où fe tiendra la cour martiale, les portes ouvertes, en préfence de tous ceux qui voudront y affifter.

X X I V.

Le grand juge prendra fa place à l'extrémité de la table difpofée à cet effet. Ses affeffeurs feront à fes côtés; près d'eux fur la gauche, le commiffaire-auditeur ayant à côté de lui le greffier : les perfonnes défignées pour le jury fe rangeront à droite.

X X V.

Le grand juge annoncera l'objet de la tenue de cette cour martiale, pour juger l'accufation portée contre tel ou tel, à qui on impute tel délit. Il ordonnera de fuite que l'auditeur produife fes témoins : ils feront appelés, & fe rangeront fur la gauche, à la fuite du greffier; après quoi le juge ordonnera d'amener l'accufé ou les accufés, qui fe placeront, avec leur confeil, à l'extrémité de la table, faifant face au grand juge & à fes affeffeurs : tous pourront s'affeoir lorfqu'ils ne parleront pas.

X X V I.

Le grand juge nommera les perfonnes défignées pour le jury, & avertira les accufés du droit qu'ils ont d'en récufer la moitié, fans être obligés, fans pouvoir même motiver leurs récufations, de l'ordre à tenir en les pro-pofant, & qu'il y fera fupplé par la voie du fort, dans le cas où les accufés refuferoient de le faire eux-mêmes. Les accufés pourront s'expliquer à cet égard par leur propre bouche ou par l'organe de leur confeil ; mais ils devront du moins exprimer qu'ils adoptent ce qui fera propofé en leur nom par leur confeil.

X X V I I.

Le greffier fera mention, fur fon procès-verbal, des

récufations: Le jury étant réduit au nombre compétent, le grand juge requerra de ceux qui le composent, de prêter ferment de donner leur avis en leur ame & confience, ce qu'ils feront tenus de faire en levant la main & prononçant , *je le jure.*

X X V I I I.

Le commiſſaire-auditeur donnera lecture de la plainte , des procès-verbaux, s'il y en a , ainſi que des écrits venant à l'appui de la plainte , s'il en exiſte ; les pièces prétendues de conviction , feront miſes en évidence ; enfin , les témoins feront nommés & déſignés l'un après l'autre par leurs noms , âges , états, qualités & domiciles.

X X I X.

Le grand juge ordonnera aux témoins de prêter ferment de dire la vérité , toute la vérité, rien que la vérité ; ce qu'ils feront tenus de faire en levant la main & prononçant , *je le jure.*

X X X.

Il ſera libre aux accuſés ou à leur conſeil , non ſeulement de propoſer les motifs de ſuſpicion qu'ils peuvent avoir contre le témoin, mais encore de faire telles obſervations qu'ils jugeront à propos ſur ſon témoignage , même de lui propoſer, pour l'éclairciſſement des faits , telles queſtions qu'ils voudront, & auxquelles le témoin ſera tenu de répondre. L'auditeur , les jurés & les juges pourront enſuite ſucceſſivement demander au témoin les explications dont ils croiront ſa dépoſition ſuſceptible.

X X X I.

Les témoins ayant tous été entendus & examinés l'un

après l'autre, dans une ou plusieurs séances, suivant l'exigence du cas, l'auditeur établira le mérite de sa plainte par les divers témoignages qu'il résumera ; il con-clura, s'il y a lieu, à ce que l'accusé soit déclaré cou-pable, & condamné à la peine que la loi prononce pour son délit.

X X X I I.

L'accusé ou les accusés pourront, soit par eux-mêmes, soit par l'organe de leur conseil, proposer leurs moyens de justification, de défense ou d'atténuation. Il sera libre au commissaire-auditeur de reprendre la parole après les accusés, & ceux-ci seront les maîtres de lui répondre à leur tour ; mais les plaidoieries ne s'étendront pas plus loin, & il ne sera jamais accordé de dupliquer

X X X I I I.

Lorsque l'accusé ou les accusés produiront les témoins, soit à l'appui des moyens de suspicion qu'ils auront proposés contre les témoins du plaignant, soit pour éta-blir des faits tendant à leur justification ou à leur décharge, on ne pourra pas leur refuser d'entendre à l'instant ces témoins ; & quand même l'accusé ou les accusés ne pro-duiroient aucun moyen pour établir des faits justificatifs qui paroîtroient concluans, & dont ils offriroient la preuve, cette preuve seroit toujours admissible à-la pluralité des voix du grand juge & de ses assesseurs, qui fixeront le délai dans lequel elle devra être faite.

X X X I V.

Les mêmes formalités seront observées, tant pour l'audition & l'examen des témoins produits par les ac-cusés, que pour l'audition & l'examen des témoins pro-duits par le plaignant.

XXXV.

X X X V.

Le greffier rédigera le procès-verbal de chaque séance
de manière qu'il puisse servir à constater l'accomplissement
ou l'inobservation de chacune des formalités qui doivent
avoir lieu dans le cours de l'instruction, pour assurer la
régularité du jugement.

X X X V I.

Toutes les formalités ci-dessus prescrites étant remplies, toutes les questions incidentes à l'instruction du
procès étant décidées, le grand-juge prendra la parole,
& avertira les jurés qu'ils ont à prononcer sur deux
questions qu'ils doivent traiter séparement; la première,
de savoir s'ils sont convaincus que le délit énoncé dans
la plainte ait été commis ; la seconde, s'ils sont convaincus que ce soit par l'accusé que ce même délit ait
été commis. En conséquence, le grand-juge sera tenu
de donner lecture du présent article aux jurés.

X X X V I I.

Il présentera, sur l'une & sur l'autre de ces questions, les
témoignages à charge & décharge, & le degré de croyance
dont ils lui paroîtront susceptibles. Il résumera les
moyens pour & contre, faisant valoir ceux en faveur
de l'accusé, quand même ils n'auroient été employés ni
par lui, ni par son conseil. Il s'attachera, sur-tout dans
les cas où le délit paroîtroit constant aux termes de la
loi, mais où les circonstances dont il seroit environné
pourroient faire penser que l'accusé est excusable ou
non criminel, à fixer sur ces circonstances toute l'attention des jurés. Il les exhortera à donner leur avis dans
leur ame & conscience ; enfin, il les invitera à passer

dans une pièce voisine, où ils seront tenus de se retirer & de rester, sans aucune communication au-dehors, jusqu'à ce qu'ils aient formé leur résultat. En même temps, le commissaire-auditeur se retirera de son côté, & le grand-juge ordonnera que l'accusé ou les accusés soient reconduits en prison.

X X X V I I I.

Les jurés, sous la présidence du plus ancien d'entre eux, opineront à haute voix & séparément, sur chacune des deux questions soumises à leur détermination, le plus jeune parlant le premier, & ainsi de suite en remontant; ils seront les maîtres de motiver leur avis dans le premier tour d'opinions qui se fera sur chaque question. Il sera fait ensuite un second tour, où les avis seront énoncés simplement par *oui* ou par *non*.

X X X I X.

L'avis contraire à l'accusé ne peut être formé dans le juré, que par la réunion des cinq septièmes des voix des jurés.

S'il passe à la négative sur la première question qu'ils ont à décider, la seconde sera résolue de droit, & les jurés rapporteront que l'accusé n'est pas coupable. S'il passe à l'affirmative sur cette première question, mais à la négative sur la seconde, les jurés rapporteront également que l'accusé n'est pas coupable; mais s'il passe à l'affirmative sur chacune des deux questions, les jurés rapporteront que l'accusé est coupable.

X L.

Si l'accusé est convaincu d'un fait que la lettre de la loi place au rang des délits, mais que les circonstances

environnantes peuvent excufer, en prouvant même que
fon intention n'a pas été criminelle, il fera permis aux
jurés, qui font les juges du fait, de modifier leur rapport fuivant les circonftances, en prononçant ainfi :
Coupable, mais excufable ; ou bien ainfi : *Convaincu du
fait, mais non criminel*. Ces modifications pourront être
ajoutées au rapport, à la pluralité des cinq feptièmes
des voix des jurés.

X L I.

Le jury ayant formé fon réfultat, en préviendra le
grand-juge, & rentrera immédiatement après dans la
falle d'audience, où étant à leurs premières places, debout & découverts, tous les jurés leveront la main, &
le plus ancien dira : *Nous jurons fur notre confcience &
notre honneur, qu'après avoir obfervé fcrupuleufement dans
notre délibération les règles qui nous étoient préfcrites par
la loi, nous avons trouvé qu'un tel, accufé de tel fait,
n'étoit pas coupable ; ou bien : qu'un tel, accufé de tel
fait, en étoit coupable ; ou bien : qu'un tel, accufé de
tel fait, en étoit coupable, mais excufable ; ou bien enfin :
qu'un tel, accufé de tel fait, en étoit convaincu, mais
non criminel.*

X L I I.

Le greffier dreffera fur-le-champ procès-verbal du rapport des jurés, qu'ils feront tenus de figner, ou de déclarer qu'ils ne le favent pas faire, après quoi ils fe retireront.

X L I I I.

La délibération entre le grand-juge & fes affeffeurs
commençant immédiatement après la retraite des jurés,
fi ceux-ci ont rapporté que l'accufé n'étoit pas coupable,

le jugement portera que l'accusé est déchargé de l'accusation, sans ajouter rien de plus. Si les jurés ont rapporté *coupable*, il sera dit que la loi condamne l'accusé à telle peine, & la loi sera citée avec les motifs de son application.

Lorsque les jurés auront rapporté *coupable, mais excusable*, les juges seront autorisés à réduire la peine d'un degré inférieur à celle que la loi prononce.

X L I V.

Il faut l'unanimité des voix des trois juges pour condamner à la mort ; la loi ne la prononce que dans cette présupposition ; & en général son intention est toujours qu'on se réduise à la moindre peine, lorsque les circonstances font naître des doutes sur l'application de la peine la plus rigoureuse.

X L V.

Pour condamner à toute autre peine que la mort, il suffit de la pluralité des voix ; mais si les juges diffèrent absolument d'opinion sur le genre de peine à prononcer, il en sera fait mention dans le jugement, & l'avis le plus doux prévaudra.

X L V I.

Les jugemens de la cour martiale seront prononcés par le grand-juge, en présence de tout l'auditoire. Avant la levée de l'audience, ils seront signés tant par le grand-juge, que par ses deux assesseurs & par le greffier.

X L V I I.

Le greffier se transportera immédiatement après à la

prifon , où il donnera lecture de la fentence aux accufés , qui l'entendront debout & découverts. Le procès-verbal de la lecture fera écrit au bas de la fentence , & figné feulement du greffier.

X L V I I I.

Dans tous les cas où l'effet d'un jugement de la cour martiale n'eft pas fufpendu par la difpofition précife de quelque loi , fon exécution ne pourra être empêchée ni retardée fous aucun prétexte , & aura lieu le jour même , s'il y a peine de mort.

X L I X.

Le greffier, ou tout autre officier public qui pourra être défigné à la fuite, affiftera & veillera aux exécutions, dont il dreffera procès-verbal au bas de la fentence. Il fera très-attentif à ce que la peine ne foit aggravée par aucun accessoire, & que la volonté arbitraire de qui que ce foit ne puiffe rien ajouter à la févérité du jugement.

Accufé abfent.

L.

Lorfqu'un accufé n'aura pu être arrêté & conftitué prifonnier , le commiffaire-auditeur requerra du major-général de la marine ou du contrôleur, qu'il nomme un curateur à l'accufé abfent parmi les militaires de fon grade, ou parmi les employés de fon état ; ce que le major ou le contrôleur fera tenu de faire : le curateur ainfi nommé devra prendre un confeil.

L I.

La procédure s'inftruira avec le curateur comme elle

E 3

fe feroit inftruite avec l'accufé en perfonne. Les dires
& déclarations des témoins feront inférés tout au long
dans le procès-verbal. Les juges & les jurés redoubleront
d'attention, lorfqu'ils auront à prononcer fur le fort
d'un homme qui ne fe défend pas lui-même.

L I I.

Si l'accufé abfent eft arrêté, ou s'il fe conftitue volontairement prifonnier dans le cours de l'inftruction,
elle fera recommencée avec lui, & tout ce qui aura
été fait avec fon curateur fera réputé non - avenu.

L I I I.

Si l'accufé fugitif eft condamné à des peines afflictives
ou infamantes, la fentence fera exécutée en effigie. Néanmoins l'accufé fera toujours admis à faire valoir fes
moyens de défenfe & fa juftification, au cas qu'il foit
arrêté, ou qu'il fe préfente volontairement, dans quelque
temps que ce foit.

L I V.

Les auteurs, fauteurs ou complices d'un délit relatif
auf ervice maritime, ou d'un délit commis dans l'arfenal,
pourront être pourfuivis pardevant la cour martiale, encore qu'ils ne foient pas gens de guerre ou employés
dans l'arfenal.

L V.

Si un ou plufieurs particuliers, étrangers au département de la marine, font pourfuivis pardevant la cour
martiale pour délits commis dans l'arfenal, le jury fera
compofé de jurés civils, & formé fuivant les règles établies ci-deffus.

L V I.

Si les particuliers étrangers au département de la marine, font pourfuivis pardevant la cour martiale concurremment avec quelque militaire ou employé du département, il fera ajouté au jury, pour chacun d'eux, fix jurés civils ; & la récufation fera faite comme il eſt dit précédemment, de manière cependant qu'il reſte toujours dans le jury un juré civil.

L V I I.

Il ne pourra être intenté aucune action criminelle pour raifon d'un crime, après trois années révolues, lorfque dans cet intervalle il n'aura été fait aucunes pourfuites.

Quand il aura été commencé des pourfuites à raifon d'un crime, nul ne pourra être pourfuivi pour raifon dudit crime après fix années révolues, lorfque dans cet intervalle aucun juré d'accufation n'aura déclaré qu'il y a lieu à accufation contre lui, foit qu'il ait ou n'ait pas été impliqué dans les pourfuites qui auront été faites.

Les délais portés au préfent article & au précédent, commenceront à courir du jour où l'exiſtence du crime aura été connue & légalement conſtatée.

Aucun jugement de condamnation rendu par un tribunal criminel, ne pourra être mis à exécution, quant à la peine, après un laps de vingt années révolues, à compter du jour où ledit jugement aura été rendu.

T I T R E I I.

Police des arfenaux.

A R T I C L E P R E M I E R.

La police du port appartient à l'ordonnateur ; elle

E 4

fera exercée fous fon autorité par le commiffaire-auditeur, & à fon défaut par l'officier commandant des
brigades de gendarmerie nationale, attaché au fervice
de l'arfenal.

I I.

Seront réputés délits de police, tous ceux commis
contre l'ordre public & le fervice des arfenaux, ou en
contravention des règlemens particuliers des ports, lefquels ne font point énoncés dans le titre fuivant & dans
le titre II du code pénal des vaiffeaux, du 21 août 1790.

I I I.

Seront auffi réputés délits de police, tous les vols
fimples au-deffous de fix livres, commis dans les arfenaux.

I V.

Les peines de police pour délits commis dans les arfenaux, font les arrêts, la prifon au-deffous de trois
mois, l'amende au-deffous de cent livres, l'interdiction,
la réduction de paye, l'expulfion de l'arfenal & du fervice.

V.

Les arrêts & la prifon pendant huit jours au plus,
pourront être prononcés en fimple police par l'ordonnateur & le commiffaire-auditeur ; toute autre peine
ne pourra être ordonnée que par le confeil d'adminiftration, qui, dans ce cas, prendra le titre de tribunal
de police correctionnelle, & fur le rapport du commiffaire-auditeur.

V I.

Ce tribunal renverra à la cour martiale tous les

délits emportant une peine plus grave que ceux énoncés à l'article IV.

V I I.

Cette jurifdiction de police s'étendra fur toutes les perfonnes indiftinctement, qui fe rendront coupables de délits ou de fautes dans l'intérieur de l'arfenal.

V I I I.

Les chefs & les fous-chefs d'adminiftration auront le droit de faire arrêter & conduire en prifon tout homme prévenu d'un délit ou faute, à la charge d'en faire prévenir auffitôt le commiffaire-auditeur.

I X.

La difcipline intérieure des troupes de la marine, lorfqu'elles ne feront point embarquées, fera réglée par le décret relatif à la difcipline intérieure des corps militaires, du 15 feptembre 1790, dont toutes les difpofitions font rendues applicables aux troupes de la marine.

X.

Il y aura des brigades de gendarmes employées dans les principaux ports, & fpécialement deftinées au fervice des arfenaux de marine.

Chaque brigade fera compofée de quatre gendarmes, & commandée par un maréchal-des-logis ou par un brigadier. Il y aura de plus dans chacun des trois grands ports, Breft, Toulon & Rochefort, un commandant des brigades qui fera au moins lieutenant.

X I.

Les gendarmes de tous les ports rouleront entre eux pour parvenir aux places de brigadier, & enfuite de maréchal-des-logis. Une moitié de ces places fera donnée à l'ancienneté, & l'autre au choix du Roi.

X I I.

Sur deux places de lieutenans vacantes, une fera donnée au plus ancien maréchal-des-logis, & l'autre fera laiffée au choix du Roi, qui pourra choifir parmi les officiers attachés au département de la marine, ou parmi les maréchaux-des-logis des brigades de la gendarmerie des arfenaux.

X I I I.

Le lieutenant nouvellement promu, prendra rang avec les lieutenans de la divifion de gendarmerie nationale où fera fitué le port, & deviendra, comme eux, capitaine à fon tour d'ancienneté ; mais il ne ceffera pas d'être attaché au fervice de l'arfenal, & il ne fera point remplacé dans fon grade de lieutenant.

X I V.

Ces brigades feront leur fervice à pied pour la garde des arfenaux, fous les ordres des ordonnateurs des ports & des commiffaires-auditeurs. Il y en aura chaque jour au moins la moitié employée dans les ports d'une manière active.

X V.

Le traitement des gendarmes & brigadiers attachés

au service des arsenaux, sera d'un quart en sus de celui fixé pour les gendarmes nationaux par le titre IV de la loi du 16 janvier 1791.

Celui des lieutenans, maréchaux-des-logis & brigadiers sera conforme au même titre IV, & ils ne seront pas tenus à l'entretien des chevaux.

X V I.

Les fonctions des gendarmes attachés au service des ports, seront analogues à celles attribuées à la gendarmerie nationale par la loi du 16 janvier 1791, dans tout ce qui peut intéresser le service & la sûreté des ports & arsenaux.

X V I I.

Les compagnies des prévôtés de la marine sont supprimées ; elles feront partie des brigades de gendarmerie des ports dans lesquelles elles seront incorporées, & les officiers, sous-officiers & archers seront placés chacun dans son grade & selon son rang.

X V I I I.

Les officiers, sous-officiers & archers des prévôtés de la marine, qui seront compris dans la nouvelle formation, compteront leur service en cette qualité pour la décoration militaire.

X I X.

Les commissaires-auditeurs seront pris, pour cette fois, parmi les prévôts des prévôtés de la marine ; & à défaut, parmi les lieutenans ou les procureurs du roi actuels, selon leur capacité.

Les prévôts de la marine qui ne feront pas **replacés,** auront pour retraite les deux tiers de leur traitement d'activité.

X X.

Les archers employés dans les quartiers des claffes, feront fupprimés, & feront replacés dans les brigades de gendarmerie des arfenaux ; & à défaut, dans la gendarmerie nationale.

X X I.

Les officiers d'adminiftration & fyndics des gens de mer, pour l'exécution des ordres relatifs au fervice des claffes, pourront requérir la gendarmerie nationale de leurs quartiers, qui ne pourra fe refufer à leurs réquifitions.

TITRE III.

Des délits & des peines.

ARTICLE PREMIER.

Les peines énoncées dans ce titre ne pourront être infligées que par jugement de la cour martiale.

II.

Les délits militaires commis dans les ports & arfenaux feront jugés en conformité du décret du 21 août 1790, concernant les délits fur les vaiffeaux ; & dans les cas non prévus par ce décret, ou dans le cas de peines qui ne feroient pas de nature à être exécutées à terre, on aura recours aux décrets rendus ou à rendre pour les délits de troupes de terre.

I I I.

Tout homme convaincu d'un vol de la valeur de
six livres & au-deſſus, ſera condamné au carcan, à une
amende triple de la valeur de la choſe volée, à l'ex-
pulſion de l'arſenal, & à la dégradation civique. Dans
tous les cas de vol ou larcin, l'accuſé ſera condamné
à la reſtitution de l'effet volé.

I V.

Lorſque le vol aura été commis ou favoriſé par des
perſonnes ſpécialement chargées de veiller à la conſervation des effets, tels que garde-magaſins, gardiens de
vaiſſeaux, maîtres, contre-maîtres, commis d'adminiſtration embarquans, commis des vivres, & autres chargés d'un maniement ou d'un dépôt, la peine ſera celle
de la chaîne pour ſix ans.

V.

La même peine aura lieu contre les Suiſſes, gendarmes, gardiens & conſignes, qui auront commis ou
favoriſé ledit vol.

V I.

Tous vols caractériſés ſeront punis, ainſi qu'il a été
décrété dans le code général des délits & peines, au
titre II de la ſeconde ſection, dans les diſpoſitions applicables aux arſenaux; de telle ſorte que la peine de
la chaîne, prononcée par ce code dans tous les cas où
le vol ſera commis de nuit, avec armes, fauſſes clefs,
attroupement, effraction & autres circonſtances aggra-
vantes, ſoit toujours augmentée de trois années en ſus

du nombre déterminé dans ledit code, lorsqu'il aura
été commis avec les mêmes circonstances, par les per-
sonnes désignées dans les Ve. & VIe. articles ci-dessus;
toutefois la durée de ladite peine ne pourra excéder
trente ans, à raison desdites circonstances, en quelque
nombre qu'elles se trouvent réunies.

V I I.

Les maîtres, contre-maîtres & ouvriers qui seroient
convaincus d'avoir fabriqué dans leurs ateliers des ouvrages pour leur compte, seront condamnés aux mêmes
peines prononcées contre le vol, si la matière desdits
ouvrages est reconnue avoir été prise dans l'arsenal; &
si elle leur appartient, ils seront condamnés à perdre
ce qui pourra leur être dû en appointemens ou en
journées, & à être renvoyés du service.

V I I I.

Si aucun des entrepreneurs & maîtres d'ouvrages dans
l'arsenal, étoit convaincu d'avoir substitué aux matières
ou marchandises qui leur sont délivrées du magasin général pour être fabriquées, d'autres matières d'une
moindre valeur & qualité, il sera condamné au paiement de la plus-value, à une amende qui ne pourra
excéder trois cents livres, & à la dégradation civique.

I X.

Il est défendu à tous maîtres & autres à la solde de
l'État, de recevoir aucune espèce d'intérêt, présent ou
gratification de la part d'un entrepreneur ou fournisseur,
lorsque leur fonction pourra influer sur le bénéfice de
la fourniture, à peine d'une amende qui ne pourra excéder cent livres, d'un mois de prison, & d'être ren-

voyés du service ; & contre ledit fournisseur ou entrepreneur qui leur auroit accordé cet avantage illicite, d'une amende qui ne pourra excéder trois cents livres.

X.

, Ceux qui troubleront & compromettront le service par des discours séditieux, seront condamnés à la géne pendant un an ; & ceux qui se porteront à des actes de révolte, seront punis de six années de chaîne. La peine sera double contre ceux qui seront convaincus d'avoir excité lesdites séditions & révoltes.

X I.

Les voies de fait commises envers l'ordonnateur, les chefs, sous-chefs & autres supérieurs, seront punies par cinq ans de gêne au plus, & l'expulsion de l'arsenal.

Les autres actes d'insubordination qui ne porteront pas de caractère grave, seront punis par voie de police.

X I I.

Ceux qui auront falsifié ou altéré les registres, rôles, quittances & autres papiers du service, ou qui auront fabriqué ou fait fabriquer de faux rôles, fausses quittances & autres actes, ou qui les emploieront à leur profit, ou enfin qui supposeront effectifs au détriment des deniers de la Nation, des hommes, des matières & des sommes non existans, seront condamnés à dix ans de chaîne.

X I I I.

Ceux qui se présenteront aux bureaux des classes, & qui prendront frauduleusement le nom d'un marin employé sur les vaisseaux de l'État, pour s'approprier ses

falaires, parts de prife, ou autres fommes à lui revenant, feront condamnés au carcan & à la prifon pendant une année. La même peine aura lieu contre tous
ceux indiftinctement qui auront eu part à ce faux, foit
en atteftant l'identité de l'homme, foit en concourant
de toute autre manière à l'infidélité du fauffaire.

X I V.

Seront punis de la même manière les faux créanciers
& leurs complices, qui emploieront des moyens fraudu-
leux pour conftater leur prétendu titre à l'égard d'un
mari mort ou abfent.

X V.

Il eft défendu, fous peine d'être mis à la gêne pendant trois ans, de faire du feu dans l'arfenal, fi ce
n'eft dans les bureaux & autres lieux qui feront déterminés par l'ordonnateur pour les befoins indifpenfables
du fervice; la même peine aura lieu contre ceux qui
étant commis pour veiller lefdits feux, les quitteroient
avant qu'ils foient entièrement éteints.

X V I.

Les délits commis par les bas-officiers des galères &
par les forçats, continueront d'être punis en conformité
des règlemens rendus pour la police & la juftice des
chiourmes; avec cette feule exception, que chaque éva-
fion de forçats fera punie feulement par trois années de
chaîne de plus pour les forçats à terme; & par l'application à la double chaîne pendant le même temps,
pour les forçats qui font actuellement condamnés à vie.

X V I I.

A l'égard des autres crimes & délits non prévus
par

par le préfent décret, & qui feroient contenus dans
l'arfenal, feront jugés conformément aux difpofitions
décrétées par le code pénal des vaiffeaux, du 21 août
1790, par le code général des peines & délits, & le
code de la police correctionnelle.

. . .

Ledit code pénal des vaiffeaux fera également fup-
pléé, pour les diftinctions qui n'y feront pas prévues,
par le préfent code, & par le code général des peines
& délits.

X I X.

Les articles LIX & LX du code pénal des vaiffeaux n'étant que provifoires & en attendant le préfent décret, feront fupprimées, ainfi que les difpofitions
pénales des anciennes ordonnances relatives aux arfenaux.

Mandons & ordonnons à tous les corps adminiftratifs
& tribunaux, que ces préfentes ils faffent configner
dans leurs regiftres, lire, publier & afficher dans leurs
départemens & refforts refpectifs, & exécuter comme
loi du Royaume. Mandons & ordonnons pareillement à
tous les officiers généraux de la marine, aux commandans des ports & arfenaux, aux gouverneurs, lieutenans-
généraux, gouverneurs & commandans particuliers des
Colonies orientales & occidentales, & à tous autres
qu'il appartiendra, de fe conformer ponctuellement à ces
préfentes, &c.

LOI du 12 Octobre 1791.

2073.

LOI

Concernant l'administration des ports, & objets y relatifs.

Donnée à Paris le 12 octobre 1791.

Louis, par la grace de Dieu, &c.

Décret du 21 septembre 1791.

L'Assemblée nationale, après avoir entendu le rapport de son comité de la marine, décrète ce qui suit:

ARTICLE PREMIER.

Le ministre sera seul chargé de l'exécution des ordres du roi, relatifs à son département, & responsable de son administration.

II.

L'administration des ports sera civile, elle sera incompatible avec toutes fonctions militaires.

III.

La direction générale de tous les travaux & approvisionnemens, de la comptabilité, de toutes les dépenses de la police générale & des classes du ressort, sera confiée dans chaque grand port à un administrateur unique, sous le titre d'ordonnateur.

I V.

L'administration de chacun de ces ports sera divisée en six détails principaux, qui seront confiés, comme il suit, à des chefs d'administration.

1º. Les constructions, travaux & mouvemens de port, à un chef.

2º. L'arsenal & la comptabilité de l'arsenal en journées d'ouvriers & matières, à un chef.

3º. Le magasin général & approvisionnemens, à un chef.

4º. La comptabilité des armemens, les vivres & classes, à un chef.

5º. Les fonds & revues, à un chef.

6º. Les hôpitaux & bagnes, à un chef.

V.

Les mouvemens des ports seront dirigés par un sous-chef, sous les ordres du chef des travaux.

V I.

Le commandant des armes dans chaque port nommera, tous les trois mois, les enseignes au nombre qui lui sera demandé par l'ordonnateur, pour être employés à l'exécution des mouvemens des ports, sous les ordres du chef & du sous-chef des travaux.

V I I.

Dans les ports où il sera établi un sous-chef des mouvemens du port, le capitaine & le lieutenant de port lui seront subordonnés. Il pourra, dans ces villes n'être établi qu'un lieutenant de port, si les besoins du service n'exigent rien de plus.

F 2

VIII.

Garde-Magasin.

La garde & conservation des matières & munitions sera confiée à un garde-magasin, qui sera directement responsable & comptable envers l'ordonnateur, & sous la surveillance du chef des approvisionnemens. Il aura sous son autorité immédiate, les sous-gardes-magasins & les autres agens nécessaires. Les fonctions de garde-magasin seront remplies par des sous-chefs, & celles de sous-gardes-magasins par des commis.

IX.

La garde & distribution des fonds sera confiée à un payeur, qui sera directement comptable à la trésorerie nationale; il sera chargé d'acquitter les dépenses de la marine, d'après les ordres de l'ordonnateur, & suivant la forme qui sera prescrite. Il sera sous la surveillance du chef des fonds & du contrôleur, qui pourront vérifier ses comptes & inspecter sa caisse; il aura sous son autorité immédiate, les agens nécessaires au service de la caisse. Il sera nommé & pourra être destitué par les commissaires à la trésorerie nationale, & fournira le cautionnement qui sera prescrit.

X.

Contrôleur.

Le dépôt des minutes, des marchés, états des recettes & fournitures, comptes de dépenses & recettes, plans & devis, lois, ordonnances, brevets & ordres du roi, relatifs à la marine, sera confié à un contrôleur.

Le contrôleur sera tenu d'inspecter & vérifier toutes les recettes & dépenses de fonds & de matières, revues, fournitures, marchés, adjudications, & les travaux, en ce qui concerne l'emploi des hommes & des matières ; sur lesquels objets il pourra requérir ou remontrer ce qu'il avisera, rendre compte au ministre de ses réquisitions & remontrances s'il n'y étoit fait droit, sans qu'il puisse arrêter ni suspendre l'exécution d'aucun ordre de l'ordonnateur.

X I.

En tout ce qui concerne l'expédition de toutes les pièces de son dépôt, l'ordre des écritures, la police des bureaux du contrôle, l'exactitude de son service, le contrôleur sera subordonné à l'ordonnateur ; il en sera indépendant dans les détails d'inspection dont il est chargé, pour l'exécution desquels il lui sera donné tous les renseignemens & communication des pièces nécessaires.

Le contrôleur aura sous ses ordres des sous-contrôleurs & des commis, dont le nombre sera réglé suivant les besoins du service.

X I I.

Les détails particuliers de la comptabilité de l'administration, & les quartiers des classes, seront, suivant leur importance, confiés à des chefs ou à des sous-chefs d'administration, à la charge d'en être responsables. Le nombre des chefs & sous-chefs sera fixé suivant les besoins du service de chaque port, de même que celui des commis qui seront trouvés nécessaires.

X I I I.

Commis d'administration.

Les places de commis seront données seulement aux

F 3

à ceux des citoyens français qui, ayant l'âge de dix-
huit ans accomplis, satisferont le mieux à un examen
sur l'écriture, l'orthographe & l'arithmétique.

X I V.

Les commis, après deux ans de service, seront examinés sur la conduite qu'ils auront tenue pendant ces
deux ans, sur leur travail & leur capacité. Ceux qui seront approuvés, continueront le service de commis, les
autres seront congédiés.

X V.

La comptabilité sur les gabares, corvettes, & autres
bâtimens au-dessous de vingt canons, pourra être confiée
à des commis ayant au moins vingt-un ans accomplis
& deux ans de service dans les ports, & qui auront
alors le brevet de sous-chefs d'administration pour la
campagne. A une seconde campagne, & après avoir
rendu des comptes satisfaisans de la première, ils pourront faire les mêmes fonctions sur une frégate & sur
un vaisseau de ligne.

X V I.

Concours pour les places de sous-chefs d'administration.

Lorsqu'il y aura des places de sous-chefs d'administration ou de sous-contrôleurs vacantes, elles seront données à un concours auquel pourront se présenter tous
les commis ayant au moins cinq ans de service dans les
ports, & fait une campagne de mer. L'examen aura
lieu sur l'arithmétique, la géométrie, jusques & compris les solides seulement, sur la comptabilité des ports,

sur les munitions navales, les opérations-pratiques des arsenaux, des bureaux & des classes ; & à mérite égal, seront préférés ceux qui auront plus de service.

X V I I.

Les concours seront publics; ils seront présidés par l'ordonnateur. Les corps administratifs & militaires y seront invités, ainsi que toutes les personnes chargées de fonctions dans l'institution publique : le conseil d'administration sera juge du concours. Les concurrens seront examinés par le professeur de l'école, sur l'arithmétique & la géométrie ; & par le contrôleur & le fous-contrôleur, & par tous les membres du conseil d'administration, sur les objets de pratique du service.

X V I I I.

Chefs d'administration.

Les places de chefs d'administration seront données, moitié par ancienneté, & moitié au choix du roi, aux fous-chefs & fous-contrôleurs qui auront au moins cinq ans de service dans leur grade, & l'âge de trente ans accomplis. Les contrôleurs & les chefs de travaux seront toujours pris, au choix du roi, les premiers parmi les chefs, fous-chefs & fous-contrôleurs, & les autres parmi les fous-chefs des travaux.

X I X.

Choix des ordonnateurs.

Les ordonnateurs des grands ports seront pris, au choix du roi, parmi les chefs d'administration & con-

F 4

trôleurs, pourvu qu'ils aient trois ans de service dans leur grade.

X X.

Chefs, sous-chefs, aides & élèves des constructions & travaux.

Le chef des constructions & travaux sera secondé dans ses diverses fonctions par des sous-chefs & des aides de constructions, dont le nombre sera réglé suivant les besoins du service de chaque port, de même que celui des élèves.

X X I.

Il y aura une école à Paris pour les élèves.

X X I I.

Nul ne sera admis au titre d'élève qu'au concours sur l'algèbre, l'application de l'algèbre à la géométrie & les sections coniques, les élémens du calcul infinitésimal & la mécanique, l'hydraulique & les calculs du déplacement & de la stabilité des vaisseaux. Ils seront tenus aussi de faire preuve de la connoissance du dessin nécessaire à leurs fonctions ; & ceux qui auront le mieux satisfait à l'examen seront envoyés dans les ports.

X X I I I.

Concours pour les aides de constructions.

Les places d'aides seront données au concours, à ceux des élèves qui auront au moins deux ans de service dans le port, & qui satisferont le mieux à l'examen sur l' théorie & la pratique de leur état, suivant le règlement qui fera fait.

XXIV.

Sous-chefs de constructions.

Lorsqu'il y aura des places de sous-chefs de constructions vacantes, elles feront données aux élèves, moitié à l'ancienneté, moitié au choix du roi, à ceux qui auront au moins trois ans de service dans ce grade.

XXV.

Les sous-chefs & les élèves seront chargés de suivre les travaux des constructions, réparations & entretien des vaisseaux & autres travaux du port, sous les ordres du chef des constructions & travaux; ils pourront être embarqués sur les escadres & armées navales, pour y remplir le service qui leur est attribué.

XXVI.

Les constructions & entretien des bâtimens civils seront confiés à un sous-chef, sous les ordres du chef des travaux; il aura sous ses ordres un ou plusieurs élèves, qui feront pris au concours parmi les élèves des ponts & chaussées.

XXVII.

Le sous-chef chargé des bâtimens civils fera choisi par le roi, parmi les élèves architectes ayant au moins trois ans de service dans les ports.

XXVIII.

Fonctions communes à tous les officiers d'administration

Les visites des forêts, celles des forges & manufac-

tum de la dépendance d'un port & arfenal de l'armée
navale, feront faites par les ordres de l'ordonnateur indiftinctement, par les fous-chefs des travaux & autres
détails qu'il en chargera.

X X I X.

La vifite & réception des approvifionnemens fera faite
en préfence du contrôleur, tant par le chef d'adminiftration & par le garde-magafin auxquels ils devront être
confiés, que par le chef des travaux, lorfqu'il s'agira
de munitions navales néceffaires à la conftruction & au
gréement des vaiffeaux ; & par un capitaine de vaiffeau
de fervice dans le port, lorfqu'il s'agira des vivres &
autres objets d'armement. Le procès-verbal de recette
fera figné des uns & des autres : en cas de conteftation
l'ordonnateur prononcera fous fa refponfabilité ; mais le
contrôleur fera obligé d'inftruire fans délai le miniftre
de la conteftation & de la décifion.

X X X.

La réception des ouvrages fera faite de même par le
chef d'adminiftration au détail duquel ils reffortiront,
& par le chef des travaux.

X X X I.

Il fera embarqué fur toutes les efcadres à bord du
vaiffeau commandant, deux chefs ou fous-chefs d'adminiftration ; l'un pris dans les chefs de comptabilité, qui
fera chargé de la comptabilité générale des approvifionnemens & dépenfes de l'efcadre, & d'infpecter la comptabilité particulière de chaque vaiffeau ; l'autre pris dans
les chefs des travaux, qui fera chargé de toute la partie
d'entretien & de réparation des vaiffeaux.

X X X I I.

Les achats, approvifionnemens & autres dépenfes feront faits par les ordres du général, d'après les demandes de chaque vaiffeau, fur lefquelles le chef chargé de la comptabilité, & celui chargé des travaux, feront tenus de donner leur avis par écrit, chacun pour fa partie.

X X X I I I.

Les ordres du général dans une efcadre, ou d'un capitaine d'un vaiffeau particulier, feront toujours donnés par écrit en matières d'adminiftration & de comptabilité, & exécutés nonobftant tout avis contraire : dans ce cas, le général ou le capitaine en fera particulièrement refponfable, comme les officiers d'adminiftration le feront de leurs opérations.

X X X I V.

La deftination des officiers civils dans les ports & arfenaux, dans les quartiers des claffes & colonies, appartiendra au roi, en obfervant les règles établies pour leur avancement de grade à l'autre : leur nombre & diftribution feront réglés par le Corps légiflatif, fuivant les befoins du fervice.

X X X V.

Adminiftration des claffes:

Les quartiers des claffes feront diftribués fuivant leur localité, dans la dépendance de l'ordonnateur du port le plus voifin, & conformément à la nouvelle divifion géographique du royaume, & fuivant le règlement qui

fera préfenté par le miniftre, & décrété par le Corps
légiflatif.

X X X V I.

Il fera dreffé de même un état des paroiffes mari-
times, pour régler leur dépendance de chaque quartier
des claffes, & le fervice des fyndics.

X X X V I I.

Les chefs & fous-chefs d'adminiftration des claffes
feront fubordonnés à l'ordonnateur du port dans la dépendance duquel ils feront établis.

Ils auront différentes payes, fuivant l'importance &
l'étendue de leurs quartiers refpectifs, ainfi qu'il fera
arrêté par un règlement à cet effet.

X X X V I I I.

Les fyndics des marins établis dans chaque fyndicat,
auront des émolumens ou gages réglés par la loi, &
proportionnés à l'importance de leur fervice.

X X X I X.

Penfions de retraite des officiers civils.

Les officiers civils de la marine obtiendront des penfions de retraite & d'invalides, par les mêmes règles
que les officiers militaires de la marine, & leurs fervices
feront calculés de même à la mer, dans les colonies,
en paix & en guerre.

X L.

Règles générales pour les officiers civils.

Tout officier civil, pourvu d'un grade ou emploi

prêtera, en recevant fon brevet ou entrant en fonctions, le ferment de fonctionnaire public.

X L I.

Toutes les fois qu'un fubordonné refponfable recevra des ordres qu'il croira contraires à la loi, il pourra demander qu'on les lui donne par écrit, fans pouvoir fe difpenfer de les exécuter. Il fera tenu d'en joindre une copie aux pièces de fa comptabilité.

X L I I.

Tout officier civil de la marine, achevant de remplir une miffion, fonction ou emploi, fera tenu de rendre compte de fes opérations.

X L I I I.

Tout officier civil pourra être provifoirement fufpendu de fes fonctions par l'ordonnateur, mais ne pourra être deftitué fans une décifion du confeil d'adminiftration d'un des grands ports de l'armée navale, auquel le miniftre renverra les plaintes.

X L I V.

Le confeil d'adminiftration fera compofé de l'ordonnateur, du chef des travaux, de deux chefs & d'un fous-chef de comptabilité, d'un fous-chef & d'un élève des travaux : ces cinq derniers y feront appelés à tour de rôle, chacun dans fon grade.

Le contrôleur, ou un des fous-contrôleurs, affiftera aux confeils d'adminiftration, & y aura voix repréfentative.

X L V.

Inspection des classes.

L'ordonnateur de chaque département chargera, tous les ans, un contrôleur ou sous-contrôleur de se rendre dans les différens quartiers des classes de son arrondissement, d'y vérifier la caisse & les registres des chefs, sous-chefs, préposés aux classes, des caissiers des invalides & syndics des gens de mer.

X L V I.

Comptabilité & inspection des ports & arsenaux.

Chaque officier civil chargé d'un détail, sera comptable & responsable ; il sera tenu d'arrêter son registre à la fin de chaque mois, & de faire son bordereau du compte du mois. Ces comptes seront vérifiés par le contrôleur de la marine, & arrêtés par l'ordonnateur.

X L V I I.

A la fin de chaque construction, radoub, ou de tout autre ouvrage exécuté dans l'arsenal, il sera fait un compte particulier de la dépense à laquelle s'élevera chaque nature d'ouvrage, en matières & main-d'œuvre, de l'emploi desquelles seront responsables le chef des travaux & celui de l'arsenal. Le compte sera fait par le chef de l'arsenal, signé de lui & du chef des travaux, vérifié par le contrôleur, & arrêté par l'ordonnateur.

X L V I I I.

Au désarmement de chaque bâtiment, il sera dressé

un compte particulier de la dépense dudit bâtiment, en solde, appointemens, subsistances, frais de relâche, & remplacement de consommation de tout genre. Ce compte sera fait par l'officier d'administration chargé de la comptabilité du vaisseau, certifié par le capitaine du vaisseau, vérifié par le contrôleur & arrêté par l'ordonnateur.

X L I X.

Les comptes de chaque port seront présentés chaque année à l'examen d'une commission d'inspection, qui prendra toutes communications qu'elle croira nécessaires, & inspectera également l'état des magasins & des travaux des ports.

L.

La commission sera également chargée de constater si les restans en magasin & en caisse sont conformes à la balance des états de recette & de dépense, & l'état dans lequel ils auront été tenus.

L I.

La commission sera composée de trois officiers militaires, d'un chef de comptabilité, d'un chef des travaux, & de deux personnes étrangères au département de la marine, & exercées par état à la comptabilité : ils seront nommés par le roi, à l'époque de chaque inspection ; & les chefs de comptabilité & des travaux seront pris dans un autre département que celui où ils devront faire l'inspection.

L I I.

Les comptes examinés & vérifiés seront envoyés au

ministre, qui les vérifiera de nouveau ; il soumettra au bureau de comptabilité qui sera établi par l'Assemblée nationale, la totalité des comptes de la dépense de son département.

Mandons & ordonnons à tous les corps administratifs & tribunaux, que les présentes ils fassent configner dans leurs registres, lire, publier & afficher dans leurs départemens & ressorts respectifs, & exécuter comme loi du Royaume. Mandons & ordonnons pareillement à tous les officiers généraux de la marine, aux commandans des ports & arsenaux, aux gouverneurs, lieutenans-généraux, gouverneurs & commandans particuliers des Colonies orientales & occidentales, & à tous autres qu'il appartiendra, de se conformer ponctuellement à ces présentes, &c.

2074.

L O I

Relative aux élèves de l'école du génie.

Donnée à Paris le 12 octobre 1791.

Louis, par la grace de Dieu, &c.

Décret du 22 septembre 1791.

Article additionnel au décret du 16 septembre.

ARTICLE X.

Il sera ajouté aux dépenses de l'école du génie, une somme de six mille livres, pour la conservation de l'établissement des jeunes gens sans fortune qui se destinent

deſtinent à apprendre le deſſin , la coupe des pierres , la charpente & autres parties relatives à l'architecture civile & militaire , ſous les ordres & l'inſpection du directeur des fortifications des Ardennes , cette admi- niſtration ne devant changer qu'à l'époque de l'orga- niſation de l'éducation publique.

Mandons & ordonnons à tous les corps adminiſtra- tifs & tribunaux , &c.

2075.

L O I

Relative au papier d'aſſignats.

Donnée à Paris le 12 octobre 1791.

Louis , par la grace de Dieu , &c.

Décret du 24 *ſeptembre* 1791.

L'Aſſemblée nationale décrète que le papier fabriqué en exécution du décret du 23 août dernier , pour des aſſignats de cinq livres , ſera de ſuite imprimé & re- mis aux archives de l'Aſſemblée pour y reſter juſqu'à ce qu'il ait été ſtatué par la légiſlature ſur ſon émiſ- ſion.

Mandons & ordonnons à tous les corps adminiſ- tratifs & tribunaux , &c.

2076.

L O I

Portant établissement dans chaque département , d'un payeur général des dépenses de la guerre , de la marine & autres.

Donnée à Paris le 12 octobre 1791.

Louis, par la grace de Dieu, &c.

Décret du 24 septembre 1791.

L'Affemblée nationale, fur le rapport de fon comité des finances, décrète ce qui fuit :

ARTICLE PREMIER.

Il fera établi dans chaque département , un payeur général , chargé d'y acquitter les dépenfes de la guerre, de la marine & autres , à la décharge de la tréforerie nationale , de quelque nature qu'elles foient.

I I.

Ils n'en pourront acquitter aucune qu'en vertu de l'autorifation des commiffaires de la tréforerie nationale.

I I I.

Ils feront foumis à l'ordre de comptabilité & aux formes de paiemens établies à la tréforerie nationale ,

& ils tiendront des regiftres féparés pour chaque genre de dépenfe , fuivant les memes divifions.

I V.

Ils fourniront , foit en immeubles , foit en effets pu-blics , un cautionnement qui fera réglé d'après le mon-tant des fommes que la néceffité du fervice oblige de leur confier habituellement.

V.

La maffe totale de leurs appointemens fera pour quatre-vingt-fept payeurs, de trois cents mille livres, qui feront diftribuées de manière que les moindres ap-pointemens foient de dix-huit cents livres , & les plus forts de dix mille livres.

V I.

Deux, trois ou quatre de ces payeurs, feront placés dans les départemens où l'activité du fervice de la guerre ou de la marine ne permettroit pas de fe contenter d'une feule caiffe.

V I I.

Les payeurs généraux de départemens feront nommés par les commiffaires de la tréforerie nationale.

Mandons & ordonnons à tous les corps adminif-tratifs & tribunaux , &c.

L o i *du* 12 *Octobre* 1791.

2077.

L O I

En faveur de l'établissement des aveugles-nés.

Donnée à Paris le 12 octobre 1791.

Louis, par la grace de Dieu, &c.

Décret du 28 septembre 1791.

L'Assemblée Nationale, après avoir entendu le rapport fait au nom de ses comités de l'extinction de la mendicité, d'aliénation des biens nationaux, des finances & de constitution, & conformément à l'article II de son décret du 21 juillet dernier, d'après lequel le *local & les bâtimens du couvent des ci-devant Célestins, situés à Paris près l'arsenal, seront dans leur entier & sans distraction quelconque, employés à l'établissement des écoles destinées à l'instruction des sourds-muets & des aveugles-nés*, en confirmant ce deuxième article de son susdit décret, décrète ce qui suit :

ARTICLE PREMIER.

Le directoire du département de Paris indiquera la partie desdits bâtimens qu'il destinera à l'instruction & aux travaux des *aveugles-nés*.

I I.

Il sera pris sur les revenus de l'hôpital des Quinze-Vingts, en cas d'insuffisance sur le trésor national,

1°. Annuellement, & à compter du premier janvier dernier, la fomme de treize mille neuf cents livres pour les honoraires du premier inftituteur, du fecond, d'un adjoint, de deux infpecteurs chefs d'ateliers, de deux gouvernantes de filles maîtreffes de travaux ; de quatre maîtres de mufique tant vocale qu'inftrumentale ; enfin de huit répétiteurs aveugles ;

2°. Pour cette année feulement, pour trente penfions gratuites, à raifon de trois cent cinquante livres chacune, qui feront accordées à trente élèves fans fortune, fuivant actuellement les écoles, celle de dix mille cinq cents livres.

I I I.

Les treize mille neuf cents livres d'honoraires accordés par l'article précédent, feront réparties ainfi qu'il fuit:

S a v o i r :

Au premier inftituteur . . . . 3,500 liv.
Au fecond inftituteur 2,000
A un adjoint 1,200
A deux infpecteurs chefs d'ateliers, à raifon de fix cents livres chacun 1,200
A deux gouvernantes maîtreffes de travaux, à raifon de fix cents livres chacune 1,200
A quatre maîtres de mufique, à raifon de quatre cents livres chacun 1,600
A huit répétiteurs aveugles, à raifon de quatre cents livres chacun 3,200
                                                    _____
                                                    13,900

Tous auront le logement.

L'adjoint, les infpecteurs d'ateliers, les maîtreffes des travaux & répétiteurs aveugles, auront feuls la table.

G 3

I V.

L'emploi du premier inftituteur actuellement occupé à l'inftruction des aveugles-nés, eft confirmé.

V.

Le deuxième inftituteur, adjoint, infpecteurs, gouvernantes & répétiteurs feront choifis par le département de Paris, fur la préfentation du premier inftituteur des *aveugles-nés*, conjointement avec le premier inftituteur des *fourds-muets*. Les aveugles-nés feront admis de préférence aux places que leur infirmité & leurs talens leur permettront de remplir.

V I.

L'économe actuel des *fourds-muets*, le fera auffi des *aveugles-nés* ; & toutes les dépenfes feront faites en commun pour les uns & les autres, de manière que le tout ne forme qu'un feul & même établiffement, fous la furveillance & l'infpection du département de Paris.

Mandons & ordonnons à tous les corps adminiftratifs & tribunaux, &c.

2078.

L O I

Qui fupprime le tribunal provifoire établi à Orléans.

Donnée à Paris le 12 octobre 1791.

Louis, par la grace de Dieu, &c.

Décret du 20 feptembre 1791.

L'Affemblée Nationale décrète que le tribunal provisoire établi à Orléans pour le jugement des crimes de lèse-nation est supprimé, & que le roi sera prié de donner des ordres à cet effet.

Mandons & ordonnons à tous les corps administratifs & tribunaux, &c.

2079.

L O I

Relative au bail pour l'illumination de la ville de Paris.

Donnée à Paris le 12 octobre 1791.

Louis, par la grace de Dieu, &c.

Décret du 6 septembre 1791.

L'Assemblée Nationale, après avoir ouï le rapport de son comité des finances, décrète que le bail fait par le gouvernement pour l'illumination de la ville de Paris, cessera d'avoir son effet à compter du jour où la municipalité aura procédé, sous l'autorisation du département, à une adjudication au rabais de ladite illumination, dans la forme prescrite par la loi sur les administrations municipales.

Mandons & ordonnons à tous les corps administratifs & tribunaux, &c.

2080.

L O I

Portant que la caisse de l'extraordinaire prêtera la somme de quatre-vingt-huit mi le livres au bureau de la Charité générale de la ville de Lille.

Donnée à Paris le 12 octobre 1791.

Louis , par la grace de Dieu , &c.

Décret du 13 *septembre* 1791.

L'Assemblée Nationale décrète que sur les fonds accordés à titres d'avance par les décrets des 8 juillet dernier & 4 septembre présent mois , pour les secours provisoires que pourroient exiger les besoins pressans & momentanés des hôpitaux du royaume , il sera payé dans les quatre mois qui restent à courir de la présente année , par la caisse de l'extraordinaire , à titre de prêt , aux administrateurs du bureau de la Charité générale de la ville de Lille , pour le service de l'hôpital général , & de la bourse commune des pauvres , la somme de quatre-vingt-huit mille livres , à raison de vingt-deux mille livres par chacun desdits quatre mois , laquelle somme sera rétablie dans cette caisse , dans les six premiers mois 1792 , par le produit de sous additionnels aux contributions foncière & mobiliaire à imposer en 1791 , & par celui des remises attribuées aux municipalités sur les droits de patentes , & à la garantie du seizième revenant à la municipalité de Lille , dans le produit de la vente des biens nationaux dont elle est soumissionnaire , & dont le tréforier de la caiffe de l'extraordinaire fera la retenue par fes mains.

Mandons & ordonnons à tous les corps adminiftratifs & tribunaux, &c.

2081.

L O I

Relative au remboursement au fieur le Couteulx des avances faites pour la fabrication des affignats.

Donnée à Paris le 12 octobre 1791.

Loüis, par la grace de Dieu, &c.

Décret du 24 feptembre 1791.

L'Affemblée Nationale décrète ce qui fuit:

La tréforerie nationale, fur les ordonnances du mi-niftre de l'intérieur, rembourfera à M. le Couteulx, tréforier de l'extraordinaire, la fomme de cinquante-trois mille cinquante-huit livres quatorze fous, pour les avances faites par lui pour la fabrication de huit cent millions d'affignats, & celle de la création décrétée le 29 feptembre 1790; de quatre-vingt-fept mille deux cent quatre-vingt livres dix fous fix deniers, pour avances pareillement faites pour la fabrication des affignats de cinq livres, & des fix cent millions décrétés le 19 juin 1791.

Mandons & ordonnons à tous les corps adminiftratifs & tribunaux, &c.

2082.

L O I

Portant qu'il sera avancé neuf cent mille livres à la muni-cipalité de Marseille.

Donnée à Paris le 12 octobre 1791.

Louis, par la grace de Dieu , &c.

Décret du 20 septembre 1791.

L'Affemblée Nationale , après avoir entendu le rapport du comité des finances, fur la pétition du confeil-général de la commune de Marfeille, & les avis du directoire du diftrict de Marfeille , & du département des Bouches-du-Rhône , décrète qu'en juftifiant , par la municipalité de Marfeille , du paiement de fes contributions & taxes , felon le décret du 5 août dernier , il lui fera fait une avance d'une fomme de neuf cent mille livres fur le produit des fous additionnels des contributions foncière , mobiliaire , & des patentes de ladite ville , & fur fon feizième dans le produit des reventes , tant de neuf millions deux cent trente-fept mille deux cent foixante-treize livres de do-maines nationaux qui lui ont été vendus par le décret du 5 février dernier , que de ceux qui pourroient lui être vendus par fuite de fa foumiffion , lefquelles neuf cent mille livres lui feront délivrées , favoir, trois cent mille livres dans le cours du préfent mois , & deux cent mille livres dans chacun des mois d'octobre , novembre & décembre prochains , à la charge que l'emploi de ladite fomme fera fait fous la furveillance & la direction du directoire du département.

Mandons & ordonnons à tous les corps adminiftratifs & tribunaux , &c.

2083.

L O I

Portant qu'il sera payé quarante mille livres à la muni-cipalité de Melun.

Donnée à Paris le 12 octobre 1791.

Louis, par la grace de Dieu, &c.

Décret du 21 septembre 1791.

Sur la pétition de la commune de Melun tendante à ce qu'il lui soit payé une somme de quarante mille livres, à compte sur le bénéfice à elle attribué dans la revente des biens nationaux par elle acquis ; vu les avis des directoires du district de Melun, & du département de Seine-&-Marne, sur ladite pétition ; ensemble la sou-mission faite par ladite commune, de représenter, au plus tard dans le courant d'octobre prochain, certificat visé par lesdits directoires, que les deux premiers tiers de la contribution patriotique, & les impositions ordi-naires des habitans de Melun pour l'année 1790, sont acquittés, & que les rôles de la contribution foncière & de la contribution mobiliaire de 1791, sont en re-couvrement ;

L'Assemblée nationale, après avoir entendu le rapport de son comité des finances, décrète que le caissier de l'extraordinaire paiera à la ville de Melun la somme de quarante mille livres, en deux paiemens égaux, de chacun vingt mille livres, dont le premier au 30 septembre présent mois, & le second, au 30 octobre prochain ; ladite somme & intérêts à imputer sur le seizième appartenant à ladite commune de Melun , dans le prix des biens nationaux par elle acquis & revendus , à la charge par elle d'effectuer la soumission sus-énoncée.

Mandons & ordonnons à tous les corps administratifs & tribunaux , &c.

2084.

L O I

Relative à une nouvelle émission de cent millions d'assignats.

Donnée à Paris le 12 octobre 1791.

Louis , par la grace de Dieu , &c.

Décret du 18 septembre 1791.

L'Assemblée Nationale décrète ce qui suit :

Il sera , si le cas l'exige , mis en émission cent millions d'assignats , sur la fabrication décrétée le 19 juin dernier , au - delà de la quantité qui se trouvera éteinte par le brûlement.

Mandons & ordonnons à tous les corps administratifs & tribunaux , &c.

2085.

LOI

*Relative à la levée des scellés apposés sur les livres &
papiers de la chambre des comptes de Paris.*

Donnée à Paris le 12 octobre 1791.

Louis, par la grace de Dieu, &c.

Décret du 29 septembre 1791.

L'Affemblée Nationale autorife le directoire du département de Paris, à faire procéder à la levée des fcellés
appofés fur les livres & papiers de la chambre des
comptes, & à nommer provifoirement des gardiens qui
veilleront à la confervation defdits livres & papiers, &
délivreront les expéditions qui feront requifes, conformément au décret précédemment rendu pour l'expédition
des arrêts du ci-devant parlement de Paris.

Mandons & ordonnons à tous les corps adminiftratifs
& tribunaux, &c.

L o i *du* 12 *Octobre* 1791.

2086.

L O I

Concernant les dépenses à faire pour l'établissement des tribunaux criminels.

Donnée à Paris le 12 octobre 1791.

Louis, par la grace de Dieu, &c.

Décret du 29 *septembre* 1791.

L'Assemblée Nationale décrète ce qui suit:

ARTICLE PREMIER.

Les dépenses nécessaires à l'établissement des tribunaux criminels, seront faites par le directoire du département ; elles ne pourront excéder dix-huit cents livres par chaque tribunal, & trois mille livres pour Paris.

I I.

Les juges de district qui se déplaceront pour servir auprès des tribunaux criminels, recevront en sus de leur traitement ordinaire, une indemnité égale au traitement des juges du lieu où siége le tribunal criminel, à raison des trois mois de leur service.

I I I.

Les accusateurs publics auront le même costume que les juges, à l'exception des plumes qui seront couchées autour de leur chapeau; ils porteront fur leur médaille, ces mots : *La sûreté publique.*

. Mandons & ordonnons à tous les corps adminiſtratifs & tribunaux, &c.

2087.

L O I

Portant qu'il fera attaché un chirurgien à chaque bataillon de garde nationale volontaire., en activité de fervice.

Donnée à Paris le 12 octobre 1791.

Louis, par la grace de Dieu, &c.

Décret du 29 feptembre 1791.

L'Affemblée Nationale décrète :

A R T I C L E   P R E M I E R.

Il fera attaché à chaque bataillon de garde nationale volontaire, en activité de fervice, un chirurgien, dont le traitement fera fixé à quatre foldes par jour.

I I.

La nomination de ces chirurgiens fera faite par le miniſtre de la guerre, parmi des fujets ayant fervi au moins pendant deux ans dans les hôpitaux.

Mandons & ordonnons à tous les corps adminiſtratifs & tribunaux, que les préfentes ils faffent configner dans leurs regiſtres, lire ; publier & afficher dans leurs dépar- témens & reffors refpectifs, & exécuter comme loi du

Royaume. Mándons & ordonnons pareillement à tous
les officiers généraux & autres, qui commandent les
troupes de ligne dans les différens départemens du royaume;
comme auffi à tous les officiers, fous-officiers & gendarmes de la gendarmerie nationale, & à tous autres
qu'il appartiendra, de fe conformer ponctuellement à
ces préfentes.

2088.

L O I

Relative au mode d'impofition pour les propriétaires de
champarts, agriers, terrages, cens & rentes, & autres
redevances annuelles.

Donnée à Paris le 12 octobre 1791.

Louis, par la grace. de Dieu, &c.

Décret du 29 feptembre 1791.

L'Affemblée Nationale, confidérant que les poffeffeurs
de champarts, agriers, terrages, cens, rentes & autres
redevances annuelles, qui n'ont pas d'autres biens, ou
qui font cotifés à raifon de la totalité de leurs biens,
quoiqu'ils en aient une partie en champarts & autres
redevances, & que pour cette partie, la retenue du cinquième doive leur être faite par les redevables, ne pourroient fans double emploi payer à raifon des mêmes
redevances l'à-compte ordonné par la loi du 17 juillet
dernier, & voulant prévenir ce double emploi, décrète
ce qui fuit:
 Les propriétaires de redevances annuelles foumifes à
la retenue du cinquième, font autorifés à faire à leurs
municipalités

municipalités, déclaration de la contenance & du produit des héritages & biens fonds qu'ils possèdent dans le territoire de la commune, à laquelle déclaration ils joindront la quittance du paiement de la moitié de la contribution foncière desdits biens; & vérification faite par la municipalité, de l'exactitude desdites déclarations, sur l'avis du directoire du district, ils seront par le directoire du département, déchargés de payer l'à-compte de moitié de la portion de contribution directe qui auroit eu rapport à leur revenu en rentes ou redevances, sur lesquelles la retenue du cinquième leur a été ou leur sera faite par les redevables.

Mandons & ordonnons à tous les corps administratifs & tribunaux, &c.

2089.

L O I

Qui ajourne à la prochaine législature les projets & devis présentés par le département de Paris, pour l'achevement du Panthéon français, & qui accorde cinquante mille livres pour les travaux du mois d'octobre.

Donnée à Paris le 12 octobre 1791.

Louis, par la grace de Dieu, &c.

Décret du 27 septembre 1791.

L'Assemblée Nationale décrète l'ajournement à la prochaine législature sur les projets & devis présentés par le département de Paris, en vertu de son décret du 15 août dernier, à l'effet de terminer le Panthéon français; & néanmoins autorise les commissaires de la trésorerie nationale à payer une fomme de cinquante mille livres en fus de celle de cent cinquante mille livres autorifée par le même décret du 15 août 1791, pour continuer les travaux de ce monument pendant le mois d'octobre.

Mandons & ordonnons à tous les corps adminiftratifs & tribunaux, &c.

2091.

L O I

Relative à l'établiffement d'une maffe deftinée à diverfes dépenfes de l'armée.

Donnée à Paris le 12 octobre 1791.

Louis, par la grace de Dieu, &c.

Décret du 27 feptembre 1791.

L'Affemblée Nationale décrète ce qui fuit :

ARTICLE PREMIER.

A compter du premier janvier 1791, il fera établi une maffe de feize livres dix fous par an, fur le pied du complet de l'armée, par chaque officier général de l'état-major, de l'artillerie, du génie, officier fupérieur & autres, fous-officier & foldat de toute arme, chirurgien-major & aumônier, pour fubvenir aux dépenfes d'entretien, réparations, conftructions ou augmentations des bâtimens faifant partie des logemens militaires ;

A celles de leurs ameublemens & uftenfiles,

Et aux dépenfes réfultant du loyer de maifons, dans les lieux où il n'y aura pas de logemens militaires pour y caferner les troupes de ligne, conformément à l'article VIII du titre V de la loi du 10 juillet 1791, concernant la confervation & le clalfement des poltes militaires.

I I.

Ladite maffe fervira également au paiement en argent, du logement des officiers généraux de l'état-major, de l'artillerie, du génie, des officiers fupérieurs & autres, des chirurgiens - majors & aumôniers, ainfi que des fonctionnaires militaires, pour leur tenir lieu de logement quand il ne pourra leur être fourni en nature, conformément à l'article XI du titre VIII de la loi ci-delfus.

I I I.

Lefdits officiers généraux de l'état-major, de l'artillerie & du génie, les officiers fupérieurs & autres, les chirurgiens - majors & aumôniers, & fonctionnaires, ne pourront jouir que d'un feul logement, foit en nature, foit en argent, dans la principale ville de leur réfidence ou garnifon, fauf le cas prévu par l'article fuivant.

I V.

Lorfque les officiers généraux de l'état - major, de l'artillerie & du génie, & les commiffaires des guerres, auront ordre de marcher avec les troupes, ou qu'ils feront employés dans des cantonnemens ou raffemblemens momentanés, le logement leur fera fourni en nature chez l'habitant.

V.

Le miniftre de la guerre fera chargé de propofer des règlemens fur le logement en nature dont devront jouir

H 2

les individus de chaque grade, lorsqu'ils feront établis
dans les bâtimens militaires ou chez l'habitant, & les
fommes qui feront également attribuées à chaque grade
pour tenir lieu de logement, quand il ne pourra être
fourni en nature dans les établiffemens militaires.

Mandons & ordonnons à tous les corps adminiftratifs
& tribunaux, que les préfentes ils faffent configner dans
leurs regiftres, lire, publier & afficher dans leurs départemens & refforts refpectifs, & exécuter comme loi du
Royaume. Mandons & ordonnons pareillement à tous
les officiers généraux & autres commandant les troupes de
ligne dans les différens départemens du Royaume ; comme
auffi à tous les officiers, fous-officiers & gendarmes de
de la gendarmerie nationale, & à tous autres qu'il appartiendra, de fe conformer ponctuellement à ces préfentes.

2092.

L O I

*Interpretative de celle du 6 août dernier, concernant
l'affectation d'un million accordé à* Monfieur *& à* M.
d'Artois, *pour le paiement des officiers de leurs maifons.*

Donnée à Paris le 12 octobre 1791.

Louis, par la grace de Dieu, &c.

Décret du 27 feptembre 1791.

L'Affemblée Nationale, interprétant en tant que de
befoin l'article IV du décret du 30 juillet dernier, concernant l'affectation d'un million accordé à *Monfieur* &
à M. d'*Artois*, au paiement des officiers de leurs maifons,
décrète que les officiers au paiement defquels ledit million

a été spécialement affecté , font ceux qui étoient titulaires de leurs charges avant le premier juin 1789 , auxquels leurs gages & traitemens feront payés jufqu'au rembourfement de leurs offices , fuivant les états nominatifs qui feront fournis par les tréforiers defdites maifons.

Mandons & ordonnons à tous les corps adminiftratifs & tribunaux , &c.

2093.

L O I

Relative à l'établiffement d'un tribunal de commerce dans la ville de Rouen.

Donnée à Paris le 12 octobre 1791.

Louis , par la grace de Dieu , &c.

Décret du 27 feptembre 1791.

L'Affemblée Nationale , après avoir entendu le rapport du comité de conftitution, décrète ce qui fuit :

ARTICLE PREMIER.

Il y aura dans la ville de Rouen un tribunal de commerce , lequel fera compofé de cinq juges , y compris le préfident , & de quatre fuppléans.

I I.

L'élection fe fera au fcrutin individuel , & à la majorité abfolue des fuffrages , par des électeurs nommés dans les affemblées de négocians , banquiers , marchands ,

H 3

fabricans, manufacturiers, armateurs & capiaines de navires, de chacune des vingt-huit sections.

III.

Chacune des assemblées se tiendra au lieu ordinaire de l'assemblée de la section ; elle sera ouverte par un commissaire que nommera la municipalité, sur l'avis des juges de commerce en exercice ; & après l'élection d'un président, d'un secrétaire & de trois scrutateurs, dans la forme décrétée à l'égard des assemblées primaires, il sera procédé à la nomination d'un électeur par vingt-cinq citoyens présens ayant le droit de voter.

IV.

Nul ne pourra y être admis, s'il ne justifie, 1°. qu'il est citoyen actif ; 2°. qu'il habite la section ; 3°. qu'il fait le commerce au moins depuis un an dans la ville de Rouen.

V.

Chaque assemblée sera juge de la validité des titres de ceux qui demanderont à prendre part à la nomination des électeurs ; sauf à recourir à l'administration du département de la Seine-Inférieure, laquelle jugera, pour les élections suivantes, les réclamations de tout citoyen qui se plaindroit d'avoir été privé de ses droits.

VI.

On choisira les électeurs en un seul scrutin de liste simple, & à la pluralité absolue des suffrages ; mais au troisième tour la pluralité relative sera suffisante.

VII.

Les vingt-huit assemblées de négocians, banquiers,

marchands, fabricans, manufacturiers, armateurs & capitaines de navires, feront convoquées pour le même jour
& à la même heure, par le procureur-général-fyndic,
lequel fe concertera fur cet objet avec les juges de commerce en exercice.

V I I I.

La municipalité de Rouen déterminera le lieu où fe
raffembleront les électeurs pour procéder à la nomination
des juges de commerce & de leurs fuppléans.

I X.

Les élections auront lieu au plus tard dans le courant
d'octobre; de manière que les juges qui feront élus à
cette époque, puiffent entrer en exercice à la première
audience du mois de novembre.

X.

Dans le cas où le nombre de vingt-cinq citoyens
admiffibles, aux termes de l'article IV, ne fe trouveroit
pas complet dans quelques-unes des fections, au jour
& à l'heure indiqués pour l'affemblée, les citoyens de
ces fections fe réuniront à ceux qui compoferont la fection
la plus voifine de la leur, pour y voter concurremment
avec eux.

X I.

Les juges-confuls refteront en exercice jufqu'à l'inftal-
lation des nouveaux juges de commerce.

Mandons & ordonnons à tous les corps adminiftratifs
& tribunaux, &c.

H 4

2094.

L O I

Relative aux gratifications à accorder aux secrétaires-commis, employés & huissiers de l'Assemblée nationale.

Donnée à Paris le 12 octobre 1791.

Louis, par la grace de Dieu, &c.

Décret du 26 septembre 1791.

L'Assemblée Nationale, ouï le rapport de ses commissaires - inspecteurs des bureaux, & du comité des pensions, réunis, prenant en considération le travail que plusieurs des employés dans ses bureaux ont fait, & voulant récompenser leur assiduité & leur zèle, voulant aussi procurer quelques secours à ceux desdits employés qui ne seroient pas replacés dans le mois qui suivra la clôture de sa session, décrète :

ARTICLE PREMIER.

Il sera dressé par les inspecteurs des bureaux, réunis au comité des pensions, & d'après les notes & avis des différens comités, un état des gratifications qui seront accordées aux secrétaires-commis & employés dont les comités attesteront le travail extraordinaire & l'assiduité; ledit état sera présenté vendredi matin au plus tard.

I I.

Aucune desdites gratifications ne pourra excéder la

fomme de mille livres ni être au-deffous de la fomme
de cent livres ; elles feront graduées felon la proportion
fuivante : mille livres , huit cents livrés , fix cents livres,
quatre cents livres , trois cents livres , deux cents livres,
cent vingt livres & cent livres ; le total defdites gratifications ne pourra pas excéder la fomme de quarante-quatre
mille livres.

I I I.

Pour prétendre auxdites gratifications , il faudra avoir
été employé dans les bureaux de l'Affemblée avant le
mois de janvier 1791 , & n'avoir obtenu , dans le cours
dudit emploi , poftérieurement au mois d'octobre 1789 ,
aucune gratification ; il fera fait déduction de celles qui
auroient été obtenues poftérieurement à ladite époque,
fur la gratification qui pourra être accordée en vertu du
préfent décret.

I V.

L'état defdites gratifications fera préfenté à l'Affemblée,
pour être décrété par elle ; il fera remis enfuite au miniftre de l'intérieur , pour qu'il en faffe faire le paiement
fur le fonds de deux millions , deftiné par la loi du
22 août aux gratifications , fur la repréfentation du
certificat de l'un des infpecteurs des bureaux , à l'égard
des fecrétaires-commis qui ne dépendent d'aucun comité;
& pour les autres employés , fur un certificat du préfident
& du fecrétaire du comité , vifé par l'un des infpecteurs
des bureaux ; le certificat énoncera que le porteur eft
réellement employé dans l'état , & qu'il a remis fidelle-
ment les objets confiés à fa garde. Le miniftre fera
vérifier fur les regiftres de la tréforerie que celui qui fe
préfentera pour recevoir l'une des gratifications accordées
par le préfent décret , n'en a obtenu aucune poftérieurement au premier octobre 1789.

V.

Indépendamment defdites gratifications, il fera accordé à tout fecrétaire-commis ou employé dans les bureaux de l'Affemblée nationale, qui ne feroit pas placé à la fin du mois d'octobre prochain, un mois de fes appointemens fur le même pied fur lequel il les aura touchés dans ce préfent mois ; à l'effet de quoi il fera remis au miniftre de l'intérieur un état figné des infpecteurs des bureaux de l'Affemblée, contenant le nom & les appointemens des fecrétaires-commis & employés, & délivré à chacun d'eux un certificat figné des infpecteurs des bureaux, portant qu'ils ont été employés fur les états de l'Affemblée.

V I.

L'Affemblée, fatisfaite des fervices, de la fidélité & du zèle des fieurs Armand, Bertholet, Courvol, Delplanque, Girard, Houdelette, la Fontaine, Poiré, Roze, Varennes, décrète qu'il leur fera délivré à chacun un certificat figné du préfident, pour conftater leurs fervices, & la fatisfaction que l'Affemblée en a eue, & qu'il fera payé à chacun d'eux une fomme de fix cents livres par forme de gratification. Ceux d'entr'eux qui ne feroient pas replacés dans le mois d'octobre prochain, recevront, en outre, un mois de leurs appointemens. A l'égard du fieur Guillot, il lui fera payé les mêmes appointemens qui ont été ci-devant payés aux autres huiffiers, & les mêmes gratifications qui leur font accordées par le préfent décret.

V I I.

Il fera payé à chacun des garçons des bureaux, ou portiers

attachés à l'Assemblée nationale, dont les services deviendroient inutiles par la suppression des bureaux, & qui ne se trouveroient pas replacés dans le courant du mois prochain, la somme de soixante livres, laquelle leur sera délivrée sur les ordonnances du ministre de l'intérieur, d'après le certificat du sieur Vacquier, leur inspecteur, portant qu'ils étoient employés auprès de l'Assemblée, & qu'ils n'ont pas été remplacés.

Mandons & ordonnons à tous les corps administratifs & tribunaux, &c.

2095.

L O I

Relative à divers établissemens de tribunaux de commerce & de paix dans les lieux y désignés, & portant réunion de diverses municipalités.

Donnée à Paris le 12 octobre 1791.

Louis, par la grace de Dieu. &c.

Décret du 27 septembre 1791.

L'Assemblée Nationale, après avoir entendu le rapport du comité de constitution, décrète ce qui suit :

Il sera établi des tribunaux de commerce dans la ville de Tarbes, chef-lieu du département des Hautes-Pyrénées, & dans celle de Paimpol, district de Pontrieux, département des Côtes du Nord.

Il sera nommé trois suppléans à ceux établis à Sens & à Beauvais.

La ville de la Rochelle aura deux juges de paix dans l'enceinte de ses murs.

La ville d'Arnay-le-Duc, département de la Côte-d'Or, portera à l'avenir le nom d'Arnay-sur-Arroux.

Les communes de Rothoi, Frettancourt & Lanoi-Cullière, font partie du département de l'Oise, en conformité de l'arrêté des limites de ce département.

La commune de Loùres fait partie du département des Hautes-Pyrénées.

Celle de Saint-André, département de la Meuse, district de Verdun, continuera provisoirement de faire partie du canton de Beaupré; mais à l'époque de la première assemblée primaire, elle sera réunie au canton de Souillip, en fera partie & y sera convoquée.

Les Granges-Perrey font partie de la municipalité & du canton de Salins, district d'Arbois, conformément au procès-verbal de division du département du Jura.

La commune de Nogent, district de Chauny, département de l'Aisne, est réunie à celle d'Anfrique, pour ne former qu'une municipalité à laquelle il sera incessamment procédé.

Celle de Beaucourt fait partie du département du Haut-Rhin.

Les communes de la Haye-Ville & de Bény, appartiennent au département de la Meuse, en conformité des procès-verbaux de division des départemens de la Meurthe & de la Meuse.

Les arrêtés du conseil & du directoire du département du Tarn, relatifs à la formation d'une nouvelle municipalité de Cayron, seront exécutés provisoirement, sauf à la commune de Montmirail à faire valoir ses moyens, lors de la circonscription définitive des communes.

La municipalité particulière de la commune de la Roque, indépendante de celle de Cahors, subsistera provisoirement.

Mandons & ordonnons à tous les corps administratifs & tribunaux, &c.

·9602

LOI

Relative .à tous les corps & établiffemens d'inftruction &
éducation publiques.

Donnée à Paris le 12 octobre 1791.

Louis, par la grace de Dieu, &c.

Décret du 26 feptembre 1791.

L'Affemblée Nationale décrète ce qui fuit :

ARTICLE PREMIER.

Tous les corps & établiffemens d'inftruction & d'éducation publiques, exiftant à préfent dans le royaume,
continueront provifoirement d'exifter fous leur régime
actuel, & fuivant les mêmes lois, ftatuts & règlemens
qui les gouvernent.

I I.

A compter du mois d'octobre prochain, toutes les
facultés de droit feront tenues de charger un de leurs
membres, profeffeur dans les univerfités, d'enfeigner aux
jeunes étudians la conftitution françaife.

· Mandons & ordonnons à tous les corps adminiftratifs
& tribunaux, &c.

2097.

L O I

Sur le cérémonial à observer lorsque le roi se rendra dans le Corps législatif.

Donnée à Paris le 12 octobre 1791.

Louis, par la grace de Dieu, &c.

Décret du 29 septembre 1791.

L'Assemblée Nationale décrète ce qui suit :

Section Première.

Lorsque le roi se rendra dans le Corps législatif, l'Assemblée sera debout ; elle sera assise & couverte, lorsque le roi sera assis & couvert.

I I.

Le roi sera placé au milieu de l'estrade ; il aura un fauteuil à fleurs-de-lis ; ses ministres seront derrière lui ; le président sera à sa droite, & gardera son fauteuil ordinaire.

I I I.

Personne ne pourra adresser la parole au roi, si ce n'est en vertu d'un décret exprès de l'Assemblée précédemment rendu.

Mandons & ordonnons à tous les corps administratifs & tribunaux, &c.

2098.

L O I

Relative aux écoles de la marine.

Donnée à Paris le 14 octobre 1791.

Louis, par la grace de Dieu, &c.

Décret du 29 septembre 1791.

L'Assemblée Nationale décrète ce qui suit :

ARTICLE PREMIER.

Lorsqu'un aspirant aura complété quatre années de navigation, le commandant de l'escadre, de la division ou du vaisseau où il sera employé, pourra sur la demande de son capitaine, lui ordonner de faire les fonctions d'enseigne, dans le cas où il auroit des places vacantes d'enseigne sur le vaisseau, la division ou l'escadre.

I I.

Tout aspirant qui aura été employé de cette manière, sera tenu, à son retour en France, de se présenter au premier examen d'enseigne, ou au premier concours d'enseigne entretenu, qui aura lieu trois mois après son arrivée ; & s'il est fait enseigne d'après le concours ou l'examen, il comptera comme service d'enseigne, celui pendant lequel il en aura rempli les fonctions. S'il ne se présente point au premier examen ou au premier concours, ou si, après s'être présenté, il n'est point fait enseigne, il ne pourra compter comme service d'enseigne, celui pendant lequel il en aura rempli les fonctions.

I I I.

Le titre d'aspirant entretenu ne pourra être donné aux élèves & volontaires, en vertu de la disposition de l'article XIX de la loi du 15 mai, sur l'application de l'organisation de la marine, que jusqu'à la concurrence de deux cents placés; les cent autres seront données au concours.

Sont préférés pour les deux cents premières places, ceux des élèves & volontaires désignés dans cet article XIX, qui auront le plus de navigation en cette qualité; ils seront congédiés à mesure qu'ils auront complété les trois années de navigation en qualité d'aspirant, élève ou volontaire.

I V.

Le ministre de la marine est autorisé à fixer l'époque à laquelle aura lieu le concours pour les aspirans, qui devoit commencer à Dunkerque le premier septembre. Le concours pour les enseignes entretenus aura lieu à mesure que l'examinateur arrivera successivement dans les trois grands ports.

V.

Il sera établi une école d'hydrographie à Rouen, à Martigues & à Agde.

V I.

La dépense pour les appointemens des professeurs d'hydrographie sera fixée à quarante-trois mille cinq cents livres, conformément au tableau ci-après présenté par le ministre de la marine.

TABLEAU

TABLEAU des appointemens des professeurs des écoles d'hydrographie.

École de Dieppe à	2000 liv.
Honfleur	Idem.
Rouen	Idem.
Cherbourg	Idem.
Granville	Idem.
Saint-Brieuc	Idem.
Vannes	Idem.
La Rochelle	Idem.
Libourne	Idem.
La Ciotat	Idem.
École de Saint - Tropez	1500 liv.
Antibes	Idem.
Martigues	Idem.
Narbonne	Idem.
Port - Vendre	Idem.
Les Sables-d'Olonne	Idem.
Paimbœuf	Idem.
Le Croisic	Idem.
Audierne	Idem.
Saint-Pol-de-Léon	Idem.
Fécamp	Idem.
Saint-Valery	Idem.
Boulogne	Idem.
Calais	Idem.
Agde	Idem.

Mandons & ordonnons à tous les corps administratifs & tribunaux, que les présentes ils fassent consigner dans leurs registres, lire, publier & afficher dans leurs départemens & ressorts respectifs, & exécuter comme loi du Royaume. Mandons & ordonnons pareillement à tous les officiers généraux de la marine, aux commandans des ports & arfenaux, aux gouverneurs, lieutenans généraux, gouverneurs & commandans particuliers des colonies orientales & occidentales, & à tous autres qu'il appartiendra, de fe conformer ponctuellement à ces préfentes.

2099.

L O I

Portant établiffement de commiffaires des guerres, & qui détermine leurs fonctions dans les differentes cours martiales, établies par le décret du 22 feptembre 1790.

Donnée à Paris le 14 octobre 1791.

Louis, par la grace de Dieu, &c.

Décret du 20 feptembre 1791.

L'Affemblée Nationale décrète ce qui fuit :

TITRE PREMIER.

Difpofitions générales.

ARTICLE PREMIER.

Le corps des commiffaires des guerres eft fupprimé; les pourvus moyennant finance, en feront rembourfés fur le pied de la liquidation qui fera faite de leurs offices, conformément aux décrets précédemment rendus fur cet objet.

I I.

Le nombre des cours martiales établies par l'article VII du décret du 22 septembre 1790, sanctionné par le roi le 29 octobre suivant, sera fixé à vingt-trois pour tout le royaume; il y en aura une dans chaque division militaire.

I I I.

Il sera établi vingt-trois commissaires - ordonnateurs, grands juges militaires; chacun d'eux présidera une cour martiale & dirigera en chef, dans l'étendue de son territoire, toutes les parties de l'administration militaire, sous les ordres & d'après les instructions qui lui seront données à cet égard par le ministre de la guerre.

I V.

Il sera établi vingt-trois commissaires - auditeurs des guerres, qui seront répartis dans les vingt - trois cours martiales. La poursuite des crimes & délits militaires leur appartiendra dans le territoire soumis à leur surveillance; elle s'étendra sur toutes les parties de l'administration militaire, sur tous les objets qui tiennent au bon ordre & à la discipline, sur tout ce qui intéresse l'exactitude & la régularité du service.

V.

Les détails de l'administration militaire seront confiés, sous les ordres des commissaires - ordonnateurs, à cent trente - quatre commissaires ordinaires des guerres, qui seront pareillement établis & répartis dans les vingt-trois cours martiales. Les commissaires ordinaires seront tenus

de concourir, fous la direction des auditeurs, à la furveillance prefcrite à ces derniers, pour affurer la parfaite
exécution des lois concernant les gens de guerre.

V I.

Les commiffaires des guerres feront tous inamovibles,
& ne pourront être privés de leur état que par un jugement
légal. Ils ne pourront être traduits, en matière civile
ou criminelle, que devant les tribunaux ordinaires.

V I I.

Perfonne ne fera pourvu d'une place de commiffaire
ordinaire des guerres, qu'il n'ait vingt-cinq ans accomplis;
d'une place de commiffaire-auditeur ou de commiffaire-
ordonnateur, qu'il n'ait au moins trente-cinq ans.

V I I I.

Les commiffaires ordinaires ne pourront, en cette
qualité, faire aucune fonction de magiftrature avant d'avoir
atteint l'âge de trente ans.

I X.

Les commiffaires des guerres ne pourront accepter
aucune autre place ou commiffion, exercer un autre emploi, ni remplir d'autres fonctions que celles propres à
leur état, & qui font déterminées par le préfent décret.
Ils pourront néanmoins être élus députés à l'Affemblée
nationale, & membres des confeils-généraux de département, de diftrict & de commune, lorfqu'ils auront
d'ailleurs les qualités requifes.

TITRE II.

Des commissaires - ordonnateurs & de leurs fonctions.

ARTICLE PREMIER.

Les commissaires-ordonnateurs considérés comme grands juges militaires, sont des magistrats institués pour présider les cours martiales, dont la compétence, soit dans l'intérieur du royaume, soit à l'armée, est réglée par les articles III, IV & LXXXII du décret du 22 septembre 1790, sanctionné par le roi le 29 octobre suivant.

II.

Les fonctions propres des grands juges militaires consistent à rendre les ordonnances préparatoires pour l'ordre & la marche des procédures, à juger conjointement avec leurs assesseurs, & à prononcer les jugemens des cours martiales, le tout en suivant les formes prescrites par la loi. Les grands juges ne peuvent faire aucune réquisition ; ils ne peuvent non plus donner aucun ordre de leur propre mouvement, si ce n'est pour la police de leurs audiences. Dégagés de toute subordination individuelle en qualité de magistrats, ils ne doivent à ce titre obéissance qu'à la loi, & ne sont responsables que devant les tribunaux qui en sont l'organe.

III.

Les commissaires-ordonnateurs sont en cette qualité les premiers & principaux agens de l'administration militaire dans l'étendue de leur territoire respectif; en conséquence ils sont aux ordres du ministre de la guerre, & lui doivent un compte exact & détaillé de leurs opérations.

I 3

Ils font de plus obligés de déférer fans retard à toutes réquifitions écrites qui leur feront faites , en chofes dépendant de l'adminiftration militaire , par les officiers généraux , & en leur abfence par les commandans en chef des troupes employées dans leur territoire , fauf la refponfabilité defdits officiers généraux ou commandans en chef.

I V.

Les ordres relatifs à l'adminiftration militaire feront adreffés directement aux commiffaires-ordonnateurs, qui les tranfmettront aux commiffaires ordinaires employés dans leur territoire refpectif. Les commiffaires ordinaires rendront compte aux commiffaires - ordonnateurs de ce qu'ils auront fait pour affurer l'exécution de ces mêmes ordres.

V.

Les commiffaires-ordonnateurs n'ont individuellement aucune autorité ni jurifdiction fur les citoyens , ni même fur les militaires qui ne font pas en activité dans leur territoire , à moins qu'ils n'y paffent en venant , foit de leur garnifon , foit de leur camp ou en allant les rejoindre , ou enfin qu'ils ne foient dans les hôpitaux. Dans tout autre cas, ils ne peuvent leur prefcrire, commander ou défendre quoi que ce foit ; mais lorfque le bien du fervice le demande , ils doivent s'adreffer à l'autorité civile compétente , pour la mettre en état d'intimer aux citoyens & aux militaires qui ne font pas en activité , les ordres que les circonftances exigent.

V I.

Toutes entreprifes de fournitures militaires, excepté celles des vivres & des fourrages , doivent être laiffées

au rabais par adjudication publique, après affiches &
publications folemnelles ; il en fera de même de toutes
entreprifes de conftruction & réparations , & de toutes
autres entreprifes dont le prix eft payable par le départe-
tement de la guerre. Attendu la part que les citoyens
font dans le cas de prendre aux unes & aux autres , le
commiffaire-ordonnateur fera tenu , lorfqu'il s'agira de
procéder à de femblables publications & adjudications,
fuivant que leur objet fera reftreint à une municipalité ,
ou étendu, foit à un diftrict, foit à un département, de
fe réunir au bureau municipal ou au directoire, foit du
diftrict, foit du département, pour qu'en vertu de l'autorité municipale ou de celle des corps adminiftratifs,
les affiches foient appofées par-tout où befoin fera, &
enfuite les publications, enchères & adjudications faites
dans le lieu ordinaire des féances, foit de la municipalité, foit du directoire du diftrict, ou du directoire du
département.

V I I.

En pareil cas, la préféance reftant au chef de l'adminiftration civile, la feconde place & la préfidence par
rapport aux objets militaires, feront données au commiffaire-ordonnateur. Les réquifitions néceffaires feront
faites par le procureur de la commune ou par le procureur-
général du diftrict, ou par le procureur-général-fyndic
du département, conformément aux ordres du miniftre
qui lui feront remis en originaux par le commiffaire-
ordonnateur, fans que les adminiftrateurs civils puiffent
y apporter aucun changement ou modification fous tel
prétexte que ce puiffe être, leur intervention n'ayant ici
pour objet que de garantir la plus fcrupuleufe obfervation
des formes, & non pas d'apprécier la valeur des mefures
adoptées quant au fond.

I 4

VIII.

Si l'entreprise embrasse par son objet plusieurs départemens compris dans la même division militaire, il sera procédé, conformément à ce qui est prescrit par les deux articles précédens, par le directoire du département dans lequel le commissaire-ordonnateur aura sa résidence. Si l'entreprise embrasse plusieurs divisions, le ministre adressera ses ordres au plus ancien commissaire-ordonnateur entre ceux de toutes ces divisions, & il sera procédé par le directoire du département de sa résidence ; enfin si l'entreprise est générale par tout le royaume, le ministre donnera ses ordres à l'ordonnateur de Paris, & ce sera le directoire du département de Paris qui procédera.

I X.

Les pièces remises au procureur de la commune ou au procureur-syndic du district, ou au procureur-général-syndic du département, en exécution de l'article VII du présent titre, resteront au greffe ou secrétariat, soit des municipalités, soit des corps administratifs, ainsi que les minutes des actes de publications, enchères & adjudications ; il sera fourni du tout au commissaire-ordonnateur une expédition sans frais.

X.

Le paiement d'aucune dépense, même de celles ordonnées par le ministre, ne sera valablement fait qu'en vertu de l'ordonnance spéciale du commissaire-ordonnateur dans le territoire duquel cette dépense aura eu lieu. L'ordonnance elle-même ne sera expédiée par l'ordonnateur, que sur un état ou mémoire détaillé, certifié

pat les entrepreneurs, fermiers, fourniffeurs ou autres
parties prenantes, réglé & approuvé s'il y a lieu, fuivant
la nature des objets, par les officiers militaires qui ont
le droit d'en connoître, & toujours vérifié & arrêté par
le commiffaire ordinaire. La folde, les appointemens
& traitemens des officiers & foldats de tous grades &
de toutes armes qui fe font toujours payés fur les revues,
continueront feuls à l'être fur la fignature du commiffaire
qui aura fait la revue.

X I.

L'adminiftration militaire comprenant tous les objets
confiés à la conduite & direction du miniftre de la guerre,
& les commiffaires-ordonnateurs n'étant à cet égard que
fes premiers & principaux coopérateurs dans leur territoire refpectif, l'étendue de leur compétence en matière
d'adminiftration, & les règles d'après lefquelles ils l'exer-
ceront, doivent être déterminées par le plan d'adminiftration & de comptabilité que le miniftre de la guerre
propofera pour fon département; en conféquence, il fera
tenu de le préfenter inceffamment pour y être ftatué,
foit par l'Affemblée nationale, foit par la légiflature
prochaine, ainfi qu'il appartiendra.

X I I.

Aucun officier général, fupérieur ou autre, pourvu
d'un commandement quelconque depuis la publication
du préfent décret, ne pourra en exercer les fonctions
que préalablement il n'ait été reconnu & qu'il n'ait prêté
le ferment civique entre les mains du commiffaire-
ordonnateur, ou d'un commiffaire ordinaire par lui
délégué à cet effet: favoir, l'officier général à la tête des
troupes réunies dans le principal lieu de fon commandement, l'officier fupérieur à la tête de fon corps, &

tout autre officier à la tête de la troupe à laquelle il est spécialement attaché. Les appointemens & traitemens des officiers généraux, supérieurs & autres, ne pourront leur être payés qu'en rapportant la première fois une expédition en bonne forme du procès-verbal de leur prestation de serment, dont l'original sera toujours envoyé au ministre , pour être déposé dans les bureaux de la guerre.

X I I I.

En temps de paix , les commissaires - ordonnateurs résideront dans la ville de leur territoire où il y a communément le plus de troupes , & dont les établissemens militaires sont les plus importans. Le lieu de leur résidence étant une fois déterminé , sera fixe & invariable.

T I T R E I I I.

Des commissaires - auditeurs & de leurs fonctions.

A R T I C L E P R E M I E R.

Les commissaires-auditeurs sont chargés spécialement de la poursuite des délits militaires commis dans le territoire de la cour martiale à laquelle ils sont attachés ; s'ils ont connoissance d'un délit de cette espèce commis dans une autre cour martiale , ils doivent en avertir leurs collégues ; s'ils ont connoissance d'un délit civil commis par un militaire en activité dans leur ressort, c'est encore un devoir étroit pour eux d'en avertir sans délai le magistrat civil.

I I.

Ils ne peuvent donner aucun ordre , ils ont seulement le droit de provocation & de réquisition à l'égard des

diverfes autorités, pour que chacune d'elles faffe ou ordonne ce qu'il lui appartient de faire & d'ordonner pour
l'entière & parfaite exécution des lois concernant l'armée.
Ils font obligés de correfpondre avec le miniftre de la
guerre, pour le tenir inftruit de leurs plaintes & réquifitions, & des effets qu'elles produiront ; dégagés de
toute fubordination individuelle, les commiffaires-auditeurs ne doivent obéiffance qu'à la loi, & ne font refponfables que devant les tribunaux qui en font l'organe.

I I I.

Aucune fonction adminiftrative ne peut être exercée
par un commiffaire-auditeur ; mais chacune des parties
de l'adminiftration militaire pouvant donner lieu à des
plaintes ou réquifitions de fa part, il doit les furveiller
toutes ; en conféquence, les corps adminiftratifs, les
municipalités, les confeils d'adminiftration des régimens,
les commiffaires-ordonnateurs, les commiffaires ordinaires des guerres, les payeurs des troupes, les particuliers chargés de quelque fourniture ou partie d'adminiftration militaire, quelle qu'elle foit, font obligés de
lui donner, à fa première réquifition, toutes informations,
communications de pièces, renfeignemens & éclairciffe-
mens qu'il croira devoir leur demander, en telle forte
que rien n'arrête ni ne gêne l'activité de fa furveillance.

I V.

Le commiffaire-auditeur a le droit d'affifter à toutes
infpections, montres & revues des troupes employées
dans fon reffort, & doit être averti, par les commiffaires
des guerres, du lieu, du jour & de l'heure où fe feront
les infpections & revues, & ce affez à temps pour qu'il
puiffe s'y trouver, s'il le juge à propos, ce qu'il eft
de fon devoir de faire auffi fouvent qu'il le pourra.

V.

Il a pareillement le droit & le devoir de vifiter les prifons, les hôpitaux, les corps-de=gardes, les magafins & tous les établiffemens militaires de fon reffort, de quelqu'efpèce qu'ils foient, pour s'affurer par lui-même que les lois & règlemens militaires qui les concernent font fidèlement exécutés; &, fuivant la nature des contraventions, prendre les mefures convenables pour les faire réprimer, & punir les contrevenans, foit par voie d'adminiftration, foit par voie de juftice, ainfi qu'au cas appartiendra.

V I.

Le commiffaire-auditeur écoutera les plaintes que les militaires de tout état & de tout grade voudront lui porter, quel qu'en foit l'objet. Lorfqu'il en recevra en matière de police & de difcipline, s'il croit les plaignans fondés, il s'entremettra auprès des chefs, commandans, officiers généraux, pour leur faire rendre la juftice qu'il eftimera leur être due; il pourra même recourir à cet effet aux confeils de difcipline des régimens, &, s'il e. eft befoin, s'adreffer au miniftre de la guerre.

V I I.

Toutes les fois que le confeil de difcipline aura à ftatuer fur quelque plainte, elle fera préalablement communiquée par le commandant du corps au commiffaire-auditeur du territoire, pour qu'il puiffe donner fes.conclufions motivées à charge & à décharge. Le commiffaire-auditeur pourra les porter ou les envoyer au confeil de difcipline; & quoique fes conclufions n'emportent pour les membres du confeil aucune obligation de s'y conformer en tout ou en partie, néanmoins elles devront toujours être prononcées ou lues avant qu'ils ouvrent leurs avis.

V I I I.

Un commiſ - auditeur peut requérir ſous ſa reſ-ponſabilité, l'aion proviſoire de tout militaire qui lui aura été dénoncé, ou qui ſera notoirement prévenu d'un délit militaire ou civil. L'officier général, le commandant du corps, ou l'officier de gendarmerie nationale, auquel le commiſſaire - auditeur adreſſera ſa réquiſition par écrit, ſera lui-même reſponſable s'il n'y défère pas.

I X.

Toutes les conteſtations qui pourront naître à l'occaſion des marchés paſſés pour entrepriſes militaires, entre l'adminiſtration & les entrepreneurs, fermiers ou four-niſſeurs, ſeront portées dans les tribunaux ordinaires, & y ſeront intentées ou ſoutenues ſeulement contr'eux, à la diligence du commiſſaire-auditeur, d'après les inſ-tructions qui lui ſeront données à cet effet par le miniſtre de la guerre.

X.

Toutes les lois & les règlemens militaires à proclamer dans l'armée, ſeront adreſſés directement aux commiſ-ſaires - auditeurs. Chacun d'eux préſentera la loi ou le règlement au grand juge, avec réquiſition d'en faire faire incontinent la publication à la tête des corps militaires, dans toute l'étendue de la cour martiale. Le commiſſaire-ordonnateur préviendra l'officier général commandant la diviſion, pour qu'il donne les ordres néceſſaires à cet effet, & fera de ſuite les diſpoſitions en conſéquence, ſoit pour faire par lui-même, ſoit pour faire faire cette publication par un commiffaire ordinaire ; dans tous les cas, il en fera dreffé procès-verbal par celui qui l'aura faite, & on y défignera les troupes qui y auront affifté. Les procès-verbaux de publications de lois & règlemens militaires, feront réunis par le commiffaire-ordonnateur, qui les fera paffer au commiffaire-auditeur, lequel en gardera note & les enverra au miniftre, pour être dépofés au bureau de la guerre.

X I.

Lorfqu'il ne fera pas poffible que la publication fe faffe par un commiffaire des guerres, comme dans les poftes où il n'y a que des détachemens peu confidérables, & qui font éloignés de la réfidence des commiffaires, le commandant des troupes fera faire la publication par l'officier ou fous-officier qui commande immédiatement fous lui ; dans ce cas, le procès-verbal de publication devra être figné par cet officier ou fous-officier, & le commandant fera tenu de l'envoyer au commiffaire-ordonnateur.

X I I.

Dans chaque garnifon ou quartier, il ne fera fait qu'une feule publication pour toutes les troupes réunies, chaque corps étant formé à cet effet du nombre d'hommes qui fera déterminé par le commandant en chef. Les troupes feront en grande tenue, avec leurs drapeaux, étendards ou guidons ; & pendant tout le temps que durera la lecture de la loi ou du règlement, les drapeaux, étendards ou guidons feront tenus en état de falut, les officiers en conferveront l'attitude & les troupes préfenteront les armes.

X I I I.

La réfidence des commiffaires-auditeurs fera fixée

dans les mêmes lieux que celle des commiſſaires-ordon-
nateurs.

TITRE IV.

Des commiſſaires ordinaires des guerres , & de leurs
fonctions.

ARTICLE PREMIER.

Lorſque le grand juge militaire eſt empêché de tenir
la cour martiale , il doit être remplacé par le plus ancien
des commiſſaires ordinaires employés' dans le reſſort.
Les commiſſaires ordinaires ſont auſſi les aſſeſſeurs du
grand juge ; ils ſont encore les ſubſtituts des auditeurs
pour la pourſuite & l'inſtruction des procédures criminelles que ceux-ci jugent,à propos de leur confier. Dans
tous les cas où les commiſſaires ordinaires rempliſſent
accidentellement des fonctions de magiſtrature , ils ne
doivent , ſous ce rapport , obéiſſance qu'à la loi , & ne
ſont reſponſables que devant les tribunaux ; dans toutes
autres circonſtances, les commiſſaires ordinaires des guerres
ſont des adminiſtrateurs immédiatement ſubordonnés au
commiſſaire-ordonnateur , ſous l'autorité du miniſtre de
la guerre.

I I.

Les commiſſaires ordinaires ſont ſpécialement chargés
des revues des troupes & des viſites journalières des
hôpitaux, des priſons & des établiſſemens militaires,
ſitués dans leurs arrondiſſemens. Au ſurplus, leur compétence adminiſtrative s'étend ſur les mêmes objets qu'em-
braſſe celle des ordonnateurs, à cela près , que les commiſſaires ordinaires ne peuvent l'exercer que ſous les
ordres de l'ordonnateur , & à la charge de lui rendre
compte.

I I I.

Dans tous les cas où un commiffaire ordinaire eft délégué par un ordonnateur pour faire quelque opération à fa place, il doit être confidéré & traité, foit par les adminiftrateurs civils, foit par les chefs militaires, ou par toutes autres perfonnes auxquelles il peut avoir à faire, comme le feroit le commiffaire-ordonnateur en perfonne. Il en eft de même lorfque le commiffaire ordinaire repréfente le commiffaire-auditeur.

I V.

Les commiffaires ordinaires font tenus d'avertir fans retard le commiffaire-auditeur du reffort, des délits militaires commis dans l'étendue de leur arrondiffement, & même des délits civils qui y font commis par des militaires en activité. Ils peuvent recevoir les dénonciations qu'on voudra leur faire, en fe conformant à ce qui eft prefcrit par l'article XXIX du décret du 22 feptembre 1790, fanctionné par le roi le 29 octobre fuivant, & à la charge d'en prévenir fur-le-champ le commiffaire-auditeur.

V.

Les commiffaires ordinaires des guerres font obligés de conftater immédiatement par procès-verbal le corps & les circonftances des délits militaires, & même des délits civils commis par des militaires en activité dans l'étendue de leurs arrondiffemens, à moins que déja ce procès-verbal n'ait été dreffé, foit par les officiers civils, foit par ceux de la gendarmerie nationale.

V I.

Les commiffaires-auditeurs peuvent charger les commiffaires ordinaires de rendre plainte, foit en général de
tous

tous délits militaires, soit spécialement de tel délit militaire commis dans l'étendue de leurs arrondissemens, & de suivre l'effet de la plainte jusqu'au résultat du juré d'accusation, ou même jusqu'au jugement définitif. Les commissaires ordinaires ne peuvent refuser leur assistance aux commissaires-auditeurs, qui restent obligés de surveiller la marche des procédures, & les maîtres d'en reprendre la conduite en tout état de cause.

V I I.

Les plaintes qui, dans le cas de l'article VI du titre III, pourroient être portées à un commissaire ordinaire par des militaires en activité dans son arrondissement, seront par lui reçues; mais il ne pourra faire aucune démarche en conséquence, sans l'aveu du commissaire-auditeur, auquel il sera tenu de rendre compte de semblables plaintes aussitôt qu'elles lui auront été portées.

V I I I.

Le territoire de chaque cour martiale sera partagé en arrondissemens, qui pourront comprendre plusieurs garnisons, quartiers & postes. Il y aura dans chaque arrondissement au moins un commissaire ordinaire des guerres; leur résidence sera fixée dans les lieux où leur présence sera jugée plus nécessaire, à raison du nombre des troupes ou des établissemens militaires; cependant le ministre restera le maître de faire passer les commissaires ordinaires d'une résidence dans une autre; il devra même user de ce pouvoir pour leur faire parcourir successivement celles dans lesquelles ils pourront trouver une plus grande instruction, ou rendre des services proportionnés à l'expérience qu'ils auront acquise.

T I T R E V.

De la première nomination des commissaires des guerres, & de leur réception.

A R T I C L E P R E M I E R.

Les commissaires-ordonnateurs supprimés par le présent décret, qui n'ont pas soixante-dix ans d'âge, seront, en vertu des brevets de nomination & des provisions que le roi sera prié de leur faire expédier, placés les premiers sur la nouvelle liste des ordonnateurs, & y conserveront entr'eux le rang qu'ils avoient sur l'ancienne.

I I.

S'il reste des places de commissaires-ordonnateurs à remplir, elles seront conférées par le roi à des commissaires des guerres supprimés par le présent décret, ayant dix ans de service en cette qualité, au moins trente-cinq & pas plus de soixante-dix ans d'âge. Ceux-ci seront placés à la suite des anciens ordonnateurs, & conserveront entr'eux, dans ce nouveau grade, leur rang d'ancienneté.

I I I.

Les vingt-trois places de commissaires-auditeurs seront données par le roi à des commissaires des guerres supprimés par le présent décret, ayant au moins trente-cinq & pas plus de soixante-dix ans d'âge, que leurs études & le genre des travaux dont ils ont été occupés, feront estimer les plus propres à bien remplir ces nouvelles fonctions ; ils conserveront entr'eux, dans ce nouveau grade, leur rang d'ancienneté.

I V.

Les commiffaires des guerres fupprimés par le préfent décret, qui n'auront pas été nommés aux places d'ordonnateurs vacantes, ou à celles d'auditeurs, & qui ont au moins vingt-cinq ans & pas plus de foixante-dix ans d'âge, feront, en vertu des brevets de nomination & des provifions que le roi fera prié de leur faire expédier, placés fur l'état des commiffaires ordinaires, fuivant la date de leurs premiers ordres de fervice.

V.

Les places de commiffaires ordinaires des guerres qui refteront vacantes, feront conférées par le roi, 1°. aux commiffaires des guerres réformés en 1788, avec réferve d'activité jufqu'à leur remplacement, qui ont au moins vingt-cinq & pas plus de foixante ans d'âge ; ils prendront rang, fur l'état des commiffaires ordinaires, de la date de leurs premiers ordres de fervice.

2°. Aux premiers élèves-commiffaires, aux élèves-commiffaires & aux élèves-commiffaires furnuméraires fupprimés par le préfent décret, qui ont au moins vingt-cinq ans ; ils prendront rang entr'eux, fuivant la date de leurs premiers ordres de fervice, après tous ceux ci-deffus mentionnés.

3°. A des citoyens ayant au moins vingt-cinq & pas plus de quarante-cinq ans, que leurs études & le genre des travaux dont ils ont été occupés, feront eftimer les plus propres à bien remplir des fonctions adminiftratives & judiciaires; ceux-ci prendront rang après tous les autres, & entr'eux, fuivant leur ancienneté d'âge. Cependant, s'il fe trouve parmi eux des perfonnes à qui le titre de commiffaire des guerres ait été conféré ci-devant, ces perfonnes prendront rang avant ceux qui n'ont pas

K 2

encore ce titre, & entr'elles, fuivant la date de leurs brevets.

V I.

Il fera expédié à chacun de ceux que le roi jugera à propos de pourvoir des places de commiffaires des guerres, un brevet de nomination contre-figné par le miniftre de la guerre, fur lequel brevet feront expédiées des pro-vifions par le miniftre de la juftice. Il en fera de même lorfqu'un commiffaire ordinaire paffera à une place d'auditeur ou d'ordonnateur, foit à titre d'ancienneté, foit en conféquence du choix du roi, ainfi qu'il fera dit ci-après.

V I I.

Avant d'exercer les fonctions de commiffaire ordinaire, auditeur ou ordonnateur, le pourvu fera tenu de prêter ferment, d'abord devant le tribunal du diftrict, & enfuite devant le directoire du département du chef-lieu de la cour martiale. Il adreffera de fuite une expédition de l'acte de la preftation de ferment devant le tribunal, à tous les commiffaires du roi auprès des autres tribunaux de diftrict, compris dans l'étendue de la même cour mar-tiale, & une expédition de l'acte de fa preftation de ferment devant le directoire du département, à tous les procureurs-généraux-fyndics des autres départemens com-pris dans l'étendue de la même cour martiale, pour qu'à la diligence des uns & des autres, ces actes de ferment foient enregiftrés aux greffes de leurs tribunaux, & aux fecrétariats de leurs départemens refpectifs.

V I I I.

Lorfque le pourvu prêtera fon ferment, il y fera préfenté l'audience tenant, par le premier en grade ou

le plus ancien des commiffaires des guerres employés
dans le reffort de la cour martiale, & par une députation de militaires, à la tête de laquelle fe mettra le
commandant en chef, & qu'il compofera du nombre
d'officiers, fous-officiers & foldats qu'il croira convenable, en obfervant qu'il y en ait de tous les grades &
de tous les corps en activité dans le lieu. La préfentation au directoire du département, dont les féances ne
font pas publiques, fe fera par le même commiffaire
des guerres & par un des principaux membres de la
députation militaire, qui fera nommé à cet effet par le
commandant en chef.

I X.

Après que le pourvu aura prêté fon ferment au tribunal
de diftrict & au directoire de département, le commandant militaire du chef-lieu de la cour martiale le fera
reconnoître par les troupes ; elles feront à cet effet réunies
avec leurs drapeaux, étendards & guidons. Le commandant fera battre un ban & porter les armes ; il fe placera
en avant du centre avec le commiffaire des guerres &
le pourvu. Le commiffaire des guerres lira les provifions
données par le roi ; enfuite le pourvu prononcera à haute
voix, le ferment de maintenir de tout fon pouvoir la
conftitution du royaume décrétée par l'Affemblée nationale
& acceptée par le roi, d'être fidèle à la nation, à la loi
& au roi, & de remplir avec exactitude & impartialité
les fonctions de fon office. Cela fait, le commandant
militaire ôtera fon chapeau, le remettra, & dira à haute
voix : « Meffieurs, nous reconnoiffons M. tel, pour
» commiffaire ordinaire des guerres, ou bien, pour com-
» miffaire-ordonnateur des guerres, grand juge militaire,
» & en cette qualité nous promettons, comme bons
» citoyens & braves militaires, de refpecter les pouvoirs
» qui lui font délégués par la loi & conférés par le roi. »

Les troupes défileront ensuite devant le nouveau commissaire des guerres ; & s'il est auditeur ou ordonnateur, le commandant militaire ordonnera de présenter les armes, immédiatement après avoir prononcé l'engagement de le reconnoître.

T I T R E V I.

Du traitement des commissaires supprimés qui ne feront pas compris dans la première nomination.

A R T I C L E P R E M I E R.

Les commissaires des guerres actuellement en exercice, qui ayant plus de soixante-dix ans d'âge, ne pourront être employés, & ceux âgés de trente ans au moins, qui ne voudront plus continuer leurs services, auront pour retraite autant de cinquantièmes parties de leurs appointemens qu'ils comptent d'années de service pleines & révolues, sans qu'en aucun cas la retraite des ordonnateurs puisse excéder six mille livres, & celle des autres commissaires trois mille livres.

I I.

Les années passées dans les troupes & dans les bureaux de la guerre ou des intendances, feront comptées, pourvu qu'elles soient bien vérifiées, & qu'il n'y ait pas eu plus d'une année d'interruption entre l'un ou l'autre de ces services & celui de commissaire des guerres. Une campagne à l'armée en qualité de soldat, d'officier ou de commissaire, équivaudra à deux ans.

I I I.

Les commissaires des guerres réformés en 1788, aux-

quels l'activité a été confervée avec promeffe de remplacement, & qui ne feront pas compris dans la première
nomination, auront pour retraite, au lieu du traitement
qui leur avoit été accordé, & qui ceffera à compter du
premier juillet 1791, autant de cinquantièmes parties de
leurs anciens appointemens, qu'ils avoient d'années de
fervice en 1788, en fuivant d'ailleurs les règles prefcrites
par les deux articles précédens.

I V.

Ceux des commiffaires des guerres fupprimés par le
préfent décret, ou réformés en 1788 avec réferve d'activité, qui ne feront pas compris dans la première nomination, & qui ont à préfent vingt-quatre années de fervice
pleines & révolues, foit dans les troupes, foit en qualité
de commiffaires des guerres, auront la décoration militaire en fe retirant ; & s'ils n'ont pas à préfent leur temps
de fervice complet, ils recevront la décoration militaire
à l'époque où ils auroient eu vingt-quatre années pleines
& révolues.

T I T R E   V I I.

Des règles qui feront obfervées à l'avenir pour l'admiffion
aux places de commiffaires des guerres.

A R T I C L E   P R E M I E R.

A l'avenir, les fujets qui afpireront aux places de
commiffaires des guerres, fe feront infcrire avant le
premier juillet, chez le commiffaire-ordonnateur dans le
territoire duquel ils réfident. Le commiffaire-ordonnateur
demandera pour eux au miniftre, dans les quinze premiers
jours de juillet, des lettres d'examen, qui ne pourront
leur être refufées fous aucun prétexte.

K 4

I I.

D'après les demandes que le miniftre de la guerre aura reçues, il déterminera s'il doit être ouvert un ou plufieurs examens, & dans quelles villes ils doivent l'être, eu égard au nombre & à la fituation du domicile des afpirans, pour que leur déplacement leur foit le moins à charge qu'il fera poffible.

I I I.

Dans les huit premiers jours d'août, le miniftre fera parvenir aux ordonnateurs les lettres d'examen qu'ils lui auront demandées; elles feront mention du lieu où chaque afpirant devra fe rendre pour être examiné. Les commiffaires-ordonnateurs les feront remettre fans retard, & donneront avis des ordres du miniftre pour la tenue de l'examen, tant au directoire du département du lieu où il doit fe faire, qu'au commandant en chef de la divifion militaire.

I V.

Dans la ville défignée pour l'examen, fe réuniront, le 14 feptembre, les examinateurs au nombre de neuf; favoir, le commiffaire-ordonnateur, le commiffaire-auditeur, & le plus ancien des commiffaires ordinaires attachés à la divifion militaire dans l'étendue de laquelle fe fera l'examen, trois officiers fupérieurs ou capitaines en activité, nommés par le commandant en chef de la divifion, & trois citoyens membres d'un corps adminiftratif ou d'un corps municipal, nommés par le directoire du département.

V.

L'examen s'ouvrira le 15 feptembre, dans une falle

de la maifon commune du lieu ; les examinateurs feront
fous la préfidence du commiffaire-ordonnateur , grand
juge militaire , ayant à fa droite le commiffaire-auditeur
qui fera les fonctions de rapporteur , & à fa gauche le
commiffaire ordinaire qui fera celles de fecrétaire. Les
examinateurs civils & militaires fe rangeront enfuite de
droite & de gauche , fans obferver aucun rang entr'eux.
Le public ne fera point admis à l'examen, mais feulement
au rapport & au jugement des titres d'admiffion, ainfi
qu'il va être dit.

V I.

Les afpirans appelés tous enfemble préfenteront l'un
après l'autre , & remettront fur le bureau leurs titres
d'admiffion ; favoir , 1°. leur lettre d'examen ; 2°. leur
acte de naiffance pour conftater qu'ils ont plus de dix-
huit & moins de vingt-trois ans d'âge ; 3°. un certificat
de leur infcription fur les regiftres de la garde nationale
de leur domicile , & s'ils ont atteint leur vingt-unième
année , l'acte de leur infcription civique , finon l'atteftation que la cérémonie de l'infcription civique n'a pas
eu lieu dans leur domicile depuis qu'ils ont atteint leur
vingt-unième année ; 4°. un certificat, foit d'études, foit
d'examen dans les écoles nationales , par lequel il foit
attefté qu'ils ont les connoiffances élémentaires que peuvent
acquérir, en fuivant les écoles, les jeunes gens deftinés à
remplir des fonctions judiciaires, adminiftratives & militaires , & notamment qu'ils favent l'une des deux langues
allemande ou anglaife ; 5°. une atteftation de bonne
conduite , à eux donnée par la municipalité ou les municipalités du lieu ou des lieux dans lefquels ils ont réfidé
depuis l'âge de quinze ans , certifiée tant par les juges-
de-paix que par les officiers de gendarmerie nationale
exerçant la police dans ces mêmes lieux.

V I I.

Le commiſſaire-auditeur fera ſucceſſivement , en préfence du public & de tous les aſpirans , le rapport de
leurs titres. Les aſpirans dont les titres ne feront pas
trouvés en bonne forme ou feront jugés inſuffiſans , à la
pluralité des voix des examinateurs , feront renvoyés ;
les autres feront avertis de ſe préſenter à l'examen ſelon
leur rang d'âge.

V I I I.

L'examen doit rouler , 1º. ſur la conſtitution , la
diviſion & l'organiſation des différens pouvoirs ; 2º. ſur
les lois & règlemens militaires , notamment celles ou ceux
concernant la compoſition des différens corps dans les différentes armes , le recrutement , les congés , la forme des
revues , la diſcipline intérieure , les règles établies pour
chaque partie d'adminiſtration militaire & pour la comptabilité ; 3º. enfin , ſur les lois criminelles en général ,
mais plus particulièrement ſur les formes de procéder
dans les cours martiales , & ſur l'application tant des
punitions aux fautes de diſcipline , que des peines légales
aux crimes & délits.

I X.

Avant l'ouverture de l'examen , les examinateurs prépareront entr'eux ſur chacune des trois diviſions marquées
par l'article précédent , un nombre de queſtions égal à
celui des aſpirans multiplié par quatre. L'état de toutes
ces queſtions , arrêté & ſigné par les examinateurs ,
reſtera entre les mains du commiſſaire faiſant les fonctions
de ſecrétaire. L'ordonnateur en fera paſſer la copie au
miniſtre , en lui envoyant le procès-verbal de l'examen.

X.

Il y aura fur le bureau à l'entour duquel les examinateurs feront rangés, trois urnes dans chacune defquelles feront dépofées les queftions préparées par les adminiftrateurs; fur l'une des trois divifions marquées par l'article VIII du préfent titre, chaque queftion fera écrite fur un papier féparé; tous ces papiers feront exactement de même qualité & de même format.

X I.

L'afpirant en tour d'être examiné, tirera de chacune des trois urnes trois queftions qu'il pofera fur la table; chacun des examinateurs en prendra une au hafard; le préfident & enfuite chacun des autres examinateurs en paffant alternativement de fa droite à fa gauche, propofera la queftion qui lui fera échue. L'afpirant pourra répondre debout ou affis, comme il le jugera à propos.

X I I.

Non-feulement il eft libre, mais il eft recommandé à chaque examinateur de propofer les queftions incidentes par lefquelles un afpirant peut être conduit, foit à bien faifir le fens des queftions principales, foit à donner un plus grand développement à fes réponfes.

X I I I.

Auffitôt qu'un afpirant aura été examiné & qu'il fe fera retiré, on procédera à fon jugement par la voie du fcrutin, comme il fuit. Sur une table placée à la plus grande diftance poffible du bureau des examinateurs, il y aura une boîte de fcrutin garnie d'un très-grand nombre de

boules blanches, rouges & noires ; les blanches chargées
du chiffre 3 , les rouges, du chiffre 2 , & les noires,
du chiffre 1.

Chaque examinateur, dans l'ordre où il aura proposé
sa question, se levera de sa place & ira successivement
à la table du scrutin, où il déposera dans la boîte, l'une
des boules blanches, rouges ou noires, selon ce qui
lui conviendra le mieux, en observant que les boules
blanches sont pour accepter, les rouges pour différer,
& les noires pour rejeter. Le dernier votant apportera la
boîte du scrutin devant le président ; elle sera ouverte &
les boules comptées : s'il s'en trouve neuf, le scrutin sera
bon ; s'il s'en trouve plus ou moins de neuf, le scrutin
sera recommencé jusqu'à ce qu'il soit régulier.

X I V.

Le scrutin étant régulier, on additionnera les points
marqués sur les boules : si le total des points est de vingt-
un ou au-dessus, l'aspirant sera reçu; si le total des points
est de quinze ou plus jusqu'à vingt, l'aspirant sera renvoyé à un nouvel examen ; si le nombre des points est
inférieur à quinze, l'aspirant sera refusé.

X V.

L'aspirant renvoyé à un nouvel examen mais qui aura
eu dix-neuf ou vingt points, pourra demander une
seconde épreuve, c'est-à-dire, d'être réexaminé dans
la même session, après tous les autres aspirans, ce qui
lui sera toujours accordé. Le second examen subi dans
la même session, ne sera compté que pour un seul &
même avec le premier.

X V I.

L'aspirant renvoyé à un nouvel examen, qui n'aura

pas réuſſi dans la ſeconde épreuve , ou qui ne l'aura pas
demandée , ne pourra ſe repréſenter qu'à la prochaine
ſeſſion , & alors s'il n'eſt pas définitivement reçu , il ſera
définitivement refuſé : bien entendu qu'en ce cas l'aſpirant
ne pourra être écarté du ſecond examen , ſous prétexte
qu'il auroit paſſé ſa vingt-troiſième année.

X V I I.

L'aſpirant refuſé, mais qui aura eu treize ou quatorze
points, pourra auſſi demander une ſeconde épreuve ,
c'eſt-à-dire, d'être réexaminé dans la même ſeſſion après
tous les autres aſpirans , ce qui lui ſera toujours accordé.
Le ſecond examen qu'il ſubira dans la même ſeſſion , ne
ſera non plus compté que pour un ſeul & même avec
le premier : mais ſi le réſultat de la ſeconde épreuve eſt
de renvoyer l'aſpirant à un nouvel examen , il ne pourra
profiter des diſpoſitions de l'article XV.

X V I I I.

Le procès-verbal de l'examen ſigné de tous les examinateurs , & faiſant mention de chaque ſcrutin particulier , ſera envoyé au miniſtre , qui rendra publique la
liſte de tous les aſpirans reçus , rangés ſuivant l'ordre
que leur aſſignera ſur cette liſte le nombre de points
qu'ils auront obtenus , & à nombre de points égal , leur
ancienneté d'âge. La liſte de chaque année , formée de la
même manière , ſera ajoutée à celle de l'année précédente ,
s'il y a lieu.

X I X.

Les aſpirans reçus parviendront aux places de commiſſaires des guerres vacantes , ſuivant l'ordre de leur
inſcription ſur la liſte générale mentionnée dans l'article

précédent, pourvu qu'ils aient atteint l'âge de vingt-cinq ans, & que depuis leur examen ils aient continué à travailler fans interruption dans les bureaux, & fous les ordres d'un commiffaire des guerres, ordonnateur, auditeur ou ordinaire, auquel cas ils auront le titre d'aides-commiffaires. Il fera fait mention expreffe de l'accompliffement de cette condition dans les brevets de nomination à la place de commiffaire des guerres, & dans les provifions qui feront expédiées en conféquence.

X X.

Néanmoins les afpirans reçus, qui depuis l'examen entreront au fervice en qualité de foldat ou d'officier, ne feront pas cenfés avoir interrompu leur cours d'inftruction, & pourront, ainfi que les aides-commiffaires, prendre à leur tour la place de commiffaires des guerres qui leur écherra, pourvu qu'ils aient atteint l'âge de vingt-cinq ans, & qu'ils aient été conftamment employés, depuis leur entrée dans le corps, aux détails de l'adminiftration & de la comptabilité, ce qu'ils devront juftifier par une atteftation du confeil d'adminiftration du régiment, dont il fera fait mention expreffe dans le brevet de nomination, ainfi que dans les provifions.

X X I.

Les afpirans reçus feront fufceptibles, encore qu'ils ne foient pas actuellement au fervice, d'être choifis par les confeils d'adminiftration des régimens, pour remplir la place de quartier - maître ; mais ceux qui l'auront acceptée, cefferont dès-lors d'être fur la lifte mentionnée en l'article XVIII du préfent titre, & ne pourront plus prétendre aux places de commiffaires des guerres.

X X I I.

Lorfqu'une place de commiffaire des guerres vaquera,

& que le sujet en tour pour l'obtenir n'aura pas encore atteint l'âge compétent, la place sera donnée au suivant dans l'ordre de la liste, s'il a lui-même l'âge compétent. En pareil cas, celui ou ceux qui n'auront pas passé à leur tour faute d'âge, garderont leur rang sur la liste des aspirans ; & lorsqu'ils parviendront à la suite à une place de commissaire des guerres, ils le reprendront sur ceux qui les avoient précédés.

X X I I I.

Toutes les fois qu'il restera sur la liste des aspirans plus de sujets que n'en exigent les remplacemens probables pendant deux ans, le ministre pourra suspendre les examens pendant une ou deux années au plus.

X X I V.

Les commissaires des guerres & les élèves-commissaires de toutes classes, supprimés par le présent décret, qui n'ayant pas atteint leur vingt-cinquième année n'auront pu obtenir leur remplacement actuel, & qui voudront se présenter à l'un des trois premiers examens, le pourront quel que soit leur âge, & sans être obligés de présenter aucun certificat d'étude ou d'examen dans les écoles nationales ; il leur suffira de produire, avec les autres pièces énoncées dans l'article VI du présent titre, la preuve qu'ils étoient ci-devant commissaires des guerres ou élèves-commissaires. Ceux qui seront reçus, seront placés les premiers sur la liste de leur examen, & y prendront entr'eux le rang d'ancienneté qu'ils avoient dans le corps supprimé ; ils seront dispensés de l'obligation de continuer leur cours d'instruction, soit chez les commissaires des guerres, soit dans les régimens, à compter de leur examen jusqu'à leur remplacement effectif.

TITRE VIII.

Des règles qui seront observées à l'avenir pour l'avancement des commissaires des guerres.

ARTICLE PREMIER.

Les commissaires-auditeurs seront toujours pris au choix du roi, parmi les commissaires ordinaires ayant dix ans de service en cette qualité, & au moins trente-cinq ans d'âge.

I I.

Sur quatre places d'ordonnateurs qui viendront à vaquer, la première sera donnée au plus ancien commissaire-auditeur, la seconde à tel commissaire ordinaire que le roi voudra choisir, pourvu qu'il ait dix ans de service en cette qualité, & au moins trente-cinq ans d'âge ; la troisième au plus ancien commissaire ordinaire ; la quatrième à tel commissaire ordinaire que le roi voudra choisir, pourvu qu'il ait dix ans de service en cette qualité, & au moins trente-cinq ans d'âge.

I I I.

Celui qui sera nouvellement appelé au grade d'auditeur ou d'ordonnateur, ne sera pas nécessairement attaché à la même cour martiale que son prédécesseur ; en ce cas, le ministre pourra faire, pour le plus grand intérêt du service, les dispositions qu'il jugera convenables, pourvu qu'en temps de paix il n'opère le déplacement d'aucun ordonnateur ou auditeur que de son consentement exprès.

IV.

I V.

Lorfqu'un auditeur ou un ordinaire refuferont la place fupérieure à laquelle ils feront appelés par droit d'ancienneté, leur tour fera paffé fans qu'ils puiffent jamais le reprendre, & la place à laquelle ils étoient appelés fera dévolue au plus ancien après eux. Il en fera de même par rapport aux afpirans qui refuferont la place de commiffaire ordinaire.

TITRE IX.

Des appointemens des commiffaires des guerres.

ARTICLE PREMIER.

Sous la dénomination générale d'appointemens, feront auffi compris les fourrages, logement & frais de bureaux.

I I.

Les vingt-trois commiffaires - ordonnateurs feront divifés en trois claffes relativement à leurs appointemens : les fept plus anciens dans ce grade auront dix mille huit cents livres chacun, les huit fuivans neuf mille fix cents livres chacun, & les huit derniers huit mille fept cents livres chacun.

I I I.

Les vingt-trois commiffaires-auditeurs feront divifés en trois claffes relativement à leurs appointemens : les fept plus anciens dans ce grade auront fept mille huit cents livres chacun, les huit fuivans fix mille neuf cents livres chacun, les huit derniers fix mille livres chacun.

I V.

Les cent trente-quatre commissaires ordinaires seront divisés en cinq classes relativement à leurs appointemens: les dix plus anciens de ce grade auront quatre mille huit cents livres chacun, les vingt suivans quatre mille deux cents livres chacun, les trente ensuite trois mille six cents livres chacun; les cinquante qui viennent après auront trois mille livres chacun; enfin les vingt-quatre derniers auront chacun deux mille quatre cents livres.

V.

Il sera distribué chaque année aux aides-commissaires qui montreront le plus d'exactitude & de zèle dans les bureaux des commissaires-ordonnateurs, auditeurs & ordinaires auxquels ils seront attachés, des gratifications de quatre cents livres au moins, de huit cents livres au plus, jusqu'à la concurrence d'un total de vingt-deux mille six cents livres. Ces gratifications ne pourront être accordées par le ministre, que sur la demande que lui en feront les ordonnateurs, auditeurs & ordinaires, pour les aides-commissaires qui travailleront dans leurs bureaux.

V I.

Les appointemens des commissaires-ordonnateurs, auditeurs & ordinaires, seront payés sur le pied fixé par le présent décret, à dater du premier octobre prochain, par le payeur des dépenses de la guerre, comme la solde & les appointemens des troupes.

V I I.

La correspondance des commissaires-ordonnateurs,

auditeurs & ordinaires entr'eux & avec les officiers généraux & commandans en chef dans toute l'étendue de la
même division militaire, & celle des ordonnateurs &
auditeurs entr'eux dans toute l'étendue du royaume, se
feront gratuitement par la poste, pour tous les objets
relatifs au service ; auquel cas les paquets devront toujours
être sous deux bandes de papier croisées.

V I I I.

Il est sévèrement défendu de comprendre dans les
paquets aucune lettre, billet, papier ou chose quelconque
étrangère au service ; il sera libre aux préposés de l'administration des postes d'exiger que l'ouverture & la
vérification s'en fassent en leur présence, lorsqu'ils le
jugeront à propos, ce qui ne pourra leur être refusé
sous aucun prétexte. En cas de contravention, les commissaires des guerres seront traduits devant les tribunaux,
& condamnés à cent écus d'amende, & au double s'il
y a récidive.

T I T R E X.

Des récompenses & retraites auxquelles les commissaires
des guerres auront droit à l'avenir.

A R T I C L E P R E M I E R.

Les commissaires des guerres seront susceptibles de
la décoration militaire, à la même époque & aux mêmes
conditions que les officiers des troupes de ligne.

I I.

Ceux qui se retireront à l'avenir ayant trente ans de

fervice, auront pour retraite le quart de leurs appointemens ; chaque année de fervice au-delà de trente jufqu'à
cinquante, emportera de plus une vingtième partie des
trois autres quarts.

I I I.

Les appointemens dont jouira un commiffaire-ordonnateur ou un commiffaire-auditeur, au moment de fa
retraite, ne deviendront la règle de fon traitement,
qu'autant qu'il auroit fervi deux ans dans ce grade ;
autrement la retraite fera fixée fur le pied des derniers
appointemens dont il jouiffoit avant d'être auditeur ou
ordonnateur.

I V.

Les fervices des commiffaires des guerres dateront du
jour qu'ils auront été reçus à l'examen prefcrit par le
titre VII du préfent décret ; les campagnes de guerre,
qu'ils auront faites, leur feront comptées pour deux
ans.

T I T R E X I.

De l'uniforme des commiffaires des guerres.

A R T I C L E P R E M I E R.

Les commiffaires des guerres porteront l'habit de
couleur écarlate, le collet renverfé, bleu, la doublure
bleue, la vefte & la culotte blanche ; boutons de cuivre
dorés, conformes au modèle actuel, avec ces mots dans
le milieu : *la Loi* ; des brandebourgs en or fur l'habit,
avec des houpes ou franges.

Les ordonnateurs & les auditeurs auront une broderie
de fix lignes fur l'habit. Les ordonnateurs feront dif-

tingués par là double broderie fur le parement & fur la poche ; au lieu d'épaulettes , feront placées une , deux ou trois ganfes d'or de chaque côté , fuivant le grade d'ordinaire , d'auditeur ou d'ordonnateur.

Tous porteront le chapeau retapé à l'ordinaire , avec la cocarde nationale , les ordinaires fans plumet , les auditeurs avec le plumet noir , & les ordonnateurs avec le plumet blanc.

La dragonne de l'épée en or avec le gland garni de cordes à puits , pour les ordonnateurs & les auditeurs ; le cordon de ceux-ci liféré en blanc & rouge aux deux extrémités. Les ordinaires porteront la dragonne en or avec un liféré bleu & rouge au milieu du cordon , & le gland orné d'une frange à graine d'épinards.

I I.

Les aides-commiffaires porteront le même uniforme que les commiffaires ordinaires , mais fans brandebourgs, fans ganfe ; la dragonne de leur épée fera tiffue de parties égales d'or & de foie bleue & rouge ; le gland fera orné d'une frange femblable au cordon.

I I I.

Lorfque les commiffaires des guerres de tout grade feront en fonctions , foit à la cour martiale , foit devant une troupe armée , ils porteront le même ruban & la même médaille dont les juges font décorés , & feront en bottes & en éperons.

T I T R E X I I.

Des honneurs à rendre aux commiffaires des guerres.

A R T I C L E P R E M I E R.

L'ordre & le mot feront portés tous les jours par un

L 3

sergent, au commissaire-ordonnateur & au commissaire-
auditeur, lorsqu'ils seront dans une place de leur ressort;
& s'il n'y a pas de commissaire-ordonnateur ni de commissaire-auditeur dans la place, au plus ancien des commissaires ordinaires y résidant; les autres iront prendre
l'ordre & le mot chez l'ordonnateur, ou à son défaut
chez l'auditeur, & à défaut de l'un & de l'autre,
chez l'ancien des ordinaires.

I I.

Les commissaires des guerres seront traités relativement aux honneurs militaires dans toutes circonstances,
savoir; les ordonnateurs, comme les colonels; les auditeurs, comme les lieutenans-colonels, & les commissaires ordinaires, comme les capitaines.

I I I.

Les commissaires des guerres n'infligeront eux-mêmes
aucune punition à un militaire en activité dans leur ressort,
s'il est avec son corps ou une troupe dont il fasse partie;
mais en ce cas, lorsqu'ils auront des plaintes individuelles
à porter contre un militaire, ils en préviendront son
chef immédiat, qui sera tenu de punir le contrevenant,
& responsable s'il ne le punit pas. On observera toujours, pour régler la punition, l'assimilation établie par
l'article précédent.

TITRE XIII.

De ce qui sera particulièrement observé en cas de cam-
pement & de guerre.

ARTICLE PREMIER.

Lorsque les troupes camperont dans l'intérieur du

royaume en temps de paix, elles resteront soumises à la juridiction de la cour martiale dans l'étendue de laquelle le camp sera assis ; cependant les détails de l'administration militaire du camp & des troupes qui l'occupent, pourront être confiés à tel commissaire-ordonnateur, & à tels commissaires ordinaires des guerres que le roi voudra désigner pour cet objet.

I I.

En temps de guerre, le roi fixera le nombre des cours martiales qui seront nécessaires pour chaque armée, lorsqu'elle sera hors du royaume. La juridiction de chacune de ces cours martiales s'étendra sur toutes les troupes étant immédiatement sous les ordres d'un même officier général, & sur tous les lieux qu'elles occuperont.

I I I.

Le roi choisira sur tous les commissaires employés dans le royaume, ceux qu'il jugera à propos d'envoyer à l'armée. Le supplément d'appointemens qu'ils seront dans le cas d'obtenir, sera partie des dépenses extraordinaires qui seront proposées au Corps législatif & par lui décrétées.

I V.

Lorsque les armées rentreront dans le royaume, les personnes nommées par le roi pour exercer, pendant la guerre, les fonctions de greffiers des cours martiales, seront tenues de remettre, dans le délai de trois mois, au greffe de la municipalité du chef-lieu de la cour martiale par laquelle ils seront rentrés en France, tous les papiers & dépôts dont ils étoient chargés comme greffiers de la cour martiale.

L 4

V.

Les commiffaires des guerres, fous prétexte d'anciennes lois, ordonnances, coutumes & ufages, ne pourront réclamer aucun privilége particulier, ni faire valoir d'autres droits que ceux qui leur font précifément accordés par le préfent décret.

Mandons & ordonnons à tous les corps adminiftratifs & tribunaux, que les préfentes ils faffent configner dans leurs regiftres, lire, publier & afficher dans leurs départemens & refforts refpectifs, & exécuter comme loi du royaume. Mandons & ordonnons pareillement à tous les officiers généraux & autres qui commandent les troupes de ligne dans les différens départemens du royaume, comme auffi à tous les officiers, fous-officiers & gendarmes de la gendarmerie nationale, & à tous autres qu'il appartiendra, de fe conformer ponctuellement à ces préfentes.

2100.

L O I

Relative à la liquidation des dettes actives & paffives des communautés fupprimées, & liquidées ou à liquider.

Donnée à Paris le 14 octobre 1791.

Louis, par la grace de Dieu, &c.

Décret du 21 *feptembre* 1791.

L'Affemblée Nationale, ouï le rapport de fes comités

de judicature & central de liquidation, décrète ce qui suit :

Il sera procédé, suivant la forme ci-après, à la liquidation des dettes actives & passives des communautés, corps & compagnies supprimés & liquidés, tant de ceux qui l'ont été précédemment, que de ceux qui le seront par la suite.

TITRE PREMIER.

Dettes actives.

ARTICLE PREMIER.

Les arrérages de rentes échus du premier janvier 1791, & à échoir, ensemble les sommes exigibles, même les capitaux de rentes, si les remboursemens en étoient offerts ou exigibles, dus par des particuliers ou corporations particulières, appartenant à la nation, comme étant aux droits des ci-devant corps & compagnies supprimés, par les résultats de la liquidation des offices de judicature & autres faites & à faire, seront touchés par les receveurs des districts dans l'étendue desquels ces objets sont dus ; & à cet effet, il sera envoyé aux directoires desdits districts par le trésorier de l'extraordinaire, lorsque la remise lui en aura été faite par le directeur-général de la liquidation, aux termes du décret du 17 du précédent mois de mars, avec les titres desdites créances, un bordereau en état énonciatif du nom du débiteur, du montant & de la nature de sa dette, du nom du siége ou des officiers qui en étoient ci-devant créanciers, & portant le numéro sous lequel cette créance aura été classée au bureau de la liquidation générale, aux termes du décret susdaté.

I I.

Chaque directoire de diftrict fe fera remettre , foit par les greffiers , foit par les fyndics defdites compagnies & corps fupprimés , ou par tout autre dépofitaire, ceux defdits titres dont les originaux n'auroient pas été adreffés en conformité des précédens décrets , foit au comité de judicature, foit à la direction générale de liquidation , & chargera fon receveur de faire le recouvrement defdites créances, & l'autorifera à donner toutes quittances néceffaires à la décharge de l'Etat, à faire la remife de tous titres & pièces , & à remplir pour cet objet toutes les formalités néceffaires.

I I I.

A mefure de la recette que feront les receveurs de diftricts , ils feront tenus d'en verfer le montant dans la caiffe de l'extraordinaire , dans le mois de leur perception.

I V.

Les arrérages ou intérêts de tous capitaux aliénés de quelque manière que ce foit , ci-devant dus par l'Etat aux différens corps & compagnies fupprimés , avant que les titres en foient anéantis & brûlés aux termes du décret du 17 mars , feront rejetés par les différens tréforiers qui en étoient payeurs , à compter du premier janvier dernier , comme amortis à compter de cette époque ; & mention en fera faite , tant par lefdits tréforiers fur leurs regiftres , que fur les minutes des titres defdites créances , par tous notaires dépofitaires defdites minutes , & fans frais , à la réquifition du tréforier de l'extraordinaire ou de l'adminiftration du tréfor public.

TITRE II.

Dettes passives exigibles.

ARTICLE PREMIER.

Quant aux dettes passives comprises dans un procès-verbal de liquidation d'offices, décrété par l'Assemblée nationale, elles seront vérifiées par le commissaire du roi, directeur-général de la liquidation ; & celles qui sont exigibles, seront remboursées à la caisse de l'extraordinaire, en remplissant les formalités prescrites par l'article ci-après.

I I.

Pour recevoir leur remboursement, les propriétaires des créances énoncées en l'article ci-dessus, donneront quittance de remboursement devant notaires à Paris, du montant de leurs créances entre les mains du commissaire du roi, directeur-général de la liquidation, à la décharge de l'Etat & à celle des débiteurs originaires de l'objet remboursé ; & ils remettront audit sieur directeur-général de la liquidation, avec l'expédition de leurs quittances de remboursement, un certificat de non opposition du conservateur des hypothèques, les pièces justificatives de leur propriété, & l'expédition en forme de leur titre de créance, laquelle, dans les cas où les créanciers n'auroient pas satisfait aux dispositions prescrites par l'article II du titre III des décrets des 2 & 6 septembre, sera certifiée par le directoire du district, qui se fera à cet effet représenter les livres & états desdits corps ou compagnies.

I I I.

Sur lesdites quittances de remboursement, il sera

délivré par le directeur-général de la liquidation, des reconnoissances de liquidation, qui porteront le nom du créancier, celui du ou des débiteurs originaires, le nom de la créance, la date du procès-verbal de liquidation & du décret particulier par lequel la nation s'est chargée de cette dette.

I V.

Les reconnoissances qui feront délivrées par le directeur-général de la liquidation, en échange des quittances de remboursement, feront acquittées à la caisse de l'extraordinaire fur mandat de l'administrateur de ladite caisse.

Dettes passives constituées.

V.

Les dettes passives constituées & aliénées ou dans le cas de l'être, & les rentes viagères dont la nation fe trouve particulièrement chargée aux termes d'un décret rendu fur un procès-verbal de liquidation d'offices, feront reconstituées au profit des créanciers de la manière ci-après.

V I.

Pour opérer cette reconstitution, les propriétaires des créances énoncées en l'article ci-dessus, donneront aussi quittance de remboursement, comme en l'article II du préfent titre, fans aucune déduction fur leurs capitaux, pas même à raifon des retenues; & ils remettront au directeur-général de la liquidation, avec l'expédition de leurs quittances de remboursement, leurs contrats & titres de propriété en la forme prefcrite par l'article II ci-dessus; lefquelles quittances de remboursement contiendront ceffation d'arrérages ou d'intérêts, à compter du premier janvier 1791.

V I I.

Les créanciers des rentes viagères y joindront l'acte de leur naissance & un certificat de vie.

V I I I.

Les créanciers qui ne pourroient produire que des titres sous signature privée, seront tenus de joindre à leurs titres certifiés en la forme ci-dessus prescrite, un extrait de la délibération en vertu de laquelle l'emprunt a été fait, ou de justifier qu'ils étoient employés depuis vingt ans dans les états des dettes des compagnies supprimées, & ce par un certificat qui sera expédié par le directoire de district sur l'exhibition des livres & états desdits corps & compagnies supprimés, qu'il sera à cet effet autorisé à se faire représenter.

I X.

Sur lesdites quittances de remboursement, il sera délivré au nom & profit desdits créanciers, par ledit sieur commissaire du roi, directeur-général de la liquidation, des reconnoissances de liquidation en parchemin, valant contrat ou titre nouvel desdites rentes sur l'Etat, avec la jouissance des arrérages, à compter dudit jour premier janvier dernier.

Lesdites reconnoissances contiendront l'énonciation des capitaux, rentes, débiteurs & créanciers originaires, & des retenues auxquelles elles étoient ou devoient être assujéties, ainsi que des exemptions desdites retenues autorisées par la loi.

Lesdites rentes reconstituées seront acquittées pour le premier paiement aux premiers jours de janvier 1792, pour l'année échue à partir du premier janvier 1791,

& enfuite par femeftre aux mèmes époques que les autres rentes de l'Etat, par les payeurs des rentes fur l'Etat, auxquels la diftribution en fera faite à mefure que lefdites reconnoiffances de liquidation en feront expédiées.

X.

Toutes quittances de rembourfement qui feront données pour telle nature de créances que ce foit, pourront contenir autant de parties que les propriétaires jugeront à propos d'en réunir, pourvu feulement qu'elles foient au même taux, également exemptes des retenues & impofitions, ou qu'elles foient fujettes à des retenues & impofitions pareilles & dues originairement par les mémes débiteurs.

Lefdits remboufemens n'étant que fictifs & feulement deftinés à établir l'ordre & l'uniformité dans les titres defdites créances, & dans la manière dont elles feront acquittées & reconnues comme dettes nationales, les quittances de rembourfement feront affranchies des droits d'enregiftrement & de timbre, & il ne fera point exigé de certificat des hypothèques.

X I.

Les notaires ne pourront percevoir pour lefdites quittances que les mêmes fommes qui ont été fixées pour les quittances de rembourfement d'office, par l'article XI du décret du 28 novembre 1790.

Mandons & ordonnons à tous les corps adminiftratifs & tribunaux, &c.

2101.

L O I

Relative à l'organifation de la garde nationale.

Donnée à Paris le 14 octobre 1791.

Louis , par la grace de Dieu , &c.

Décret du 29 feptembre 1791.

L'Affemblée Nationale décrète ce qui fuit :

SECTION PREMIÈRE.

De la compofition de la lifte . des citoyens.

ARTICLE PREMIER.

Les citoyens actifs s'infcriront pour le fervice de la garde nationale , fur des regiftres qui feront ouverts à cet effet dans les municipalités de leur domicile ou de leur réfidence continue depuis un an.

I I.

A défaut de cette infcription , ils demeureront fuf-pendus de l'exercice des droits que la conftitution attache à la qualité de citoyen actif , ainfi que de celui de porter les armes.

I I I.

Ceux qui , fans être citoyens actifs , ont fervi depuis

l'époque de la révolution, & qui font actuellement en état de fervice habituel, feront maintenus dans les droits de leur fervice. Les gens déclarés fufpects, fans aveu & mal intentionnés, aux termes des décrets de la police municipale, en feront exceptés.

I V.

Aucune raifon d'état, de profeffion, d'âge, d'infirmités ou autre, ne difpenfera de l'infcription les citoyens actifs qui voudront conferver l'exercice de leurs droits; plufieurs d'entr'eux feront néanmoins difpenfés du fervice, ou l'exercice en demeurera fufpendu, ainfi qu'il fera dit ci-après.

V.

Tous les fils de citoyens actifs feront tenus de s'infcrire fur lefdits regiftres, lorfqu'ils feront parvenus à l'âge de dix-huit ans accomplis.

V I.

Ceux qui, à l'âge de dix-huit ans, n'auront pas fatisfait aux difpofitions de l'article précédent, ne pourront prendre à vingt-un ans l'infcription civique : ils ne feront admis à celle-ci que trois ans révolus après l'infcription ci-deffus ordonnée.

V I I.

Les citoyens actifs ou fils de citoyens actifs qui font maintenant âgés de plus de dix-huit ans, feront admis, à l'âge de vingt-un ans, à prendre l'infcription civique, s'ils fe font infcrire dans le délai de trois mois au plus tard, après la publication du préfent décret.

VIII.

VIII.

Les étrangers qui auront rempli les conditions prescrites pour devenir citoyens français, & leurs enfans, seront traités à cet égard comme les Français naturels.

IX.

Nul ne sera reçu à s'inscrire par procuration, mais tous seront tenus de prendre leur inscription en personne. Les pères, mères & tuteurs pourront cependant faire inscrire leurs enfans abfens, si la suite de leur éducation est la cause de leur absence.

X.

Les fils de citoyens actifs qui auront satisfait à ces devoirs, jouiront, après dix ans révolus de service, de tous les droits de citoyens actifs, quand ils ne paieroient pas la contribution exigée, pourvu que d'ailleurs ils rempliffent les conditions prescrites par la constitution.

XI.

Les regiftres d'inscription des municipalités seront doubles, & l'un d'eux sera envoyé tous les ans & confervé dans le directoire du district.

XII.

Les fils des citoyens actifs qui se feront inscrits dans l'année, seront reçus au ferment de la garde nationale qui se prêtera à la fête civique du 14 juillet suivant dans le chef-lieu du district.

Collec. des Lois. Tome XIV.   M

XIII.

Les citoyens inscrits & distribués dans les compagnies, lorsqu'ils seront commandés pour le service, pourront, en cas d'empêchement légitime, se faire remplacer, mais seulement par des citoyens inscrits sur les registres & servant dans la même compagnie; les pères pourront se faire remplacer par leurs fils âgés de dix-huit ans, & les frères par leurs frères ayant l'âge requis.

XIV.

A l'égard de ceux qui ayant d'ailleurs les qualités requises, ne se seront pas fait inscrire, & qui auront perdu le droit d'activité, ils seront soumis, comme les autres, à un tour de service, à la décharge des citoyens inscrits; mais ils ne feront jamais leur service en personne, & ils seront, sur mandement du directoire du district, taxés par chaque municipalité pour le paiement de ceux des citoyens inscrits qui les remplaceront dans le service qu'ils auroient dû faire. Cette taxe sera égale à deux journées de travail.

XV.

Ceux des citoyens inscrits qui ne serviront pas volontairement, ou ne fourniront pas volontairement leur remplacement au jour indiqué pour leur service, seront pareillement taxés par la municipalité; & à la troisième fois qu'ils auront été contraints à payer cette taxe dans la même année, ils seront suspendus pendant un an de l'honneur de servir en personne & de l'exercice du droit de citoyens actifs ou éligibles.

Les femmes, les veuves & les filles seront exemptes de toute contribution.

X V I.

" Les fonctions de la garde nationale & celles des fonctionnaires publics qui ont droit de requérir la force
publique, sont incompatibles; en conséquence, les membres
du Corps légiflatif, les miniftres du roi, les citoyens
qui exercent les fonctions de juges ou commiffaires du
roi près les tribunaux, les juges des tribunaux de commerce, les juges-de-paix, les préfidens des adminiftrations, vice-préfidens & membres des directoires,
les procureurs-fyndics de département & de diftrict,
les officiers municipaux, les procureurs de la commune
& leurs fubftituts, ne pourront, nonobftant leur infcription, faire aucun fervice perfonnel dans la garde
nationale; mais ceux d'entr'eux qui feront falariés par
la nation, feront foumis au remplacement ou à la
taxe.

Les évêques, curés & vicaires & tous citoyens qui font
dans les ordres facrés ne pourront également faire aucun
fervice perfonnel, mais ils feront foumis au remplacement
& à la taxe.

X V I I.

Seront difpenfés du fervice de la garde nationale,
les officiers, fous-officiers, cavaliers & foldats des
troupes de ligne, & de la marine étant actuellement en
activité de fervice, les officiers, fous-officiers & cavaliers de la gendarmerie nationale & des gardes foldées,
& les fexagenaires, les infirmes, les impotens & les
invalides.

X V I I I.

En cas de changement de domicile ou de réfidence
habituelle, le citoyen infcrit fera rayer fon nom fur le

registre de l'ancienne municipalité, s'inscrira sur celui de la nouvelle, & sera distribué dans une compagnie; faute de quoi, il demeurera sujet au service ou au remplacement dans l'une & dans l'autre municipalité.

SECTION SECONDE.

De l'organisation des citoyens pour le service de la garde nationale.

ARTICLE PREMIER.

La garde nationale sera organisée par district & par canton; sous aucun prétexte elle ne pourra l'être par communes, si ce n'est dans les villes considérables, ni par département.

I I.

Les sections dans les villes seront, à cet égard, considérées comme cantons, & les villes au-dessus de cinquante mille ames, comme districts.

I I I.

Les bataillons des gardes nationales seront formés, dans les districts & dans les cantons, de quatre compagnies, dans lesquelles seront distribués, en nombre à peu-près égal, tous les citoyens inscrits dans le registre des gardes nationales.

I V.

Il sera pris sur les quatre compagnies de quoi en former une cinquième de grenadiers, composée comme dans la garde nationale parisienne. Dans les lieux où les compagnies de grenadiers actuelles excéderoient le nombre de quatre-vingts hommes fur quatre compagnies, elles tendront à fe réduire au nombre prefcrit par le préfent décret, en ne recevant plus de nouveaux fujets, jufqu'à la réduction ci-deffus défignée.

V.

Chaque compagnie fera divifée en deux pelotons, quatre fections & huit efcouades.

V I.

Il y aura dans chaque compagnie un capitaine, un lieutenant, deux fous-lieutenans, deux fergens & quatre caporaux.

V I I.

Le lieutenant & l'un des fous-lieutenans commanderont chacun un peloton, & auront chacun un fergent fous leurs ordres.

V I I I.

À la tête de chacune des quatre fections, il y aura un caporal, qui commandera la première efcouade, & la feconde fera commandée par le plus âgé des foldats de l'efcouade.

I X.

Chaque bataillon aura un commandant en chef, un commandant en fecond, un adjudant, un porte-drapeau, & un maître armurier.

X.

La réunion des bataillons du même diftrict jufqu'au nombre de huit à dix, formera une légion.

M 3

X I.

Chaque légion fera fous les ordres d'un chef de légion, d'un adjudant-général & d'un fous-adjudant-général. Les légions réunies auront pour chef un commandant de légion qui exercera ce commandement à tour de rôle, pendant trois mois; fi ce n'eft dans les villes au-deffus de cent mille ames, où il y aura un commandant général des légions, nommé par les citoyens actifs de chaque fection infcrits & diftribués par compagnies.

X I I.

On tirera tous les ans au fort, favoir : dans le chef-lieu de diftrict, le rang des légions & des bataillons;

Dans le chef - lieu de canton, le rang des compagnies;

A la tête des compagnies, le rang des pelotons, des fections & des efcouades.

X I I I.

La formation des compagnies fe fera de la manière fuivante :

Dans les villes, chaque compagnie fera compofée des citoyens du même quartier; & dans les campagnes, des citoyens réunis des communautés les plus voifines.

X I V.

Dans les communes qui ne pourroient pas former une compagnie, on formera des pelotons, des fections ou des efcouades felon la population de chaque communauté.

X V.

Pour former dans les cantons la première compofition des compagnies, les maires ou premiers officiers municipaux des communes, accompagnés chacun d'un des notables, se réuniront au chef-lieu de leur canton, apportant avec eux la liste des citoyens actifs & de leurs enfans inscrits. Ils conviendront ensemble du nombre & de la formation des compagnies ; ils adresseront le résultat au directoire de district, & ce dernier réglera ces distributions & en instruira le directoire de département.

X V I.

Les citoyens actifs destinés à former une compagnie, se réuniront tant pour eux que pour leurs enfans, & sans uniformes, avec les maires de leurs communes, dont le plus ancien présidera : ceux-ci & les citoyens ainsi réunis éliront ensemble, au scrutin individuel & à la pluralité absolue des suffrages, ceux qui devront remplir, pendant le temps qui sera déterminé dans les articles suivans, les fonctions de capitaine, celles de lieutenant & celles de deux sous-lieutenans.

Ensuite ils procéderont par scrutin individuel, mais à la simple pluralité relative, à l'élection pour les places de sergens & pour celles de caporaux.

X V I I.

Après l'élection des officiers & sous-officiers, les citoyens élus pour les places de capitaine, lieutenant & sous-lieutenans de chaque compagnie, formeront les deux pelotons pour les deux sergens, & les quatre sections pour les quatre caporaux ; ils auront soin de réunir dans cette formation les citoyens des mêmes communes dans les campagnes, & des mêmes quartiers dans les villes.

M 4

X V I I I.

Les citoyens élus aux places de capitaines, lieutenans, sous-lieutenans & sergens des différentes compagnies du même canton, se réuniront au chef-lieu du canton; & là, sous la présidence du plus âgé des capitaines, ils formeront la distribution des bataillons, à raison d'un demi - bataillon depuis trois compagnies jusqu'à cinq, & d'un bataillon depuis six compagnies jusqu'à dix.

Ils auront soin de placer dans le même bataillon les compagnies des communes voisines.

X I X:

Cette distribution faite, les capitaines, lieutenans, sous-lieutenans & sergens des compagnies dont chaque bataillon sera composé, en éliront au scrutin individuel & à la pluralité absolue des suffrages, le commandant en chef, le commandant en second, & l'adjudant.

X X.

Les commandans en chef, commandans en second & adjudans des bataillons, les capitaines & lieutenans des compagnies dont ces bataillons seront composés, se réuniront au chef-lieu du district; & tous ensemble, sous la présidence d'un commissaire de directoire, ils éliront au scrutin individuel & à la pluralité absolue des suffrages, le chef, l'adjudant & sous-adjudant-général de la légion, s'il n'y en a qu'une, & ceux de chaque légion, s'il y en a plusieurs, après avoir déterminé les bataillons dont chacune sera composée.

X X I.

Les élections des officiers des légions , de ceux des bataillons , des officiers & sous-officiers des compagnies dans les villes , se feront de la même manière que dans les campagnes , mais en observant que les sections étant réputées cantons , dix commissaires choisis par chaque section , au scrutin de liste & à la pluralité relative , formeront la distribution des compagnies , aux termes des articles XIII & XIV.

X X I I.

Aucun officier des troupes de ligne ni de gendarmerie nationale , ne pourra être nommé officier des gardes nationales.

X X I I I.

Les officiers & sous-officiers de tout grade ne seront élus que pour un an , & ne pourront être réélus qu'après avoir été soldats pendant une année. Les élections seront faites par les compagnies , les bataillons & les légions, le second dimanche de mai de chaque année. En cas de service contre l'ennemi de l'Etat , il ne sera fait aucune réélection d'officiers & de sous-officiers tant que durera le service.

X X I V.

L'uniforme national sera le même pour tous les Français en état de service ; les signes de distinction seront les mêmes que dans les troupes de ligne.

X X V.

L'uniforme est définitivement réglé ainsi qu'il suit:

habit bleu de roi , doublure blanche, passe-poil écarlate, parement & collet d'écarlate & passe-poil blanc ; revers blanc & passe-poil écarlate, manche ouverte à trois petits boutons , poches en dehors à trois pointes & trois boutons avec passe-poil rouge ; le bouton tel qu'il est prescrit par le décret du 23 décembre dernier ; l'agrafe du retroussis écarlate , veste & culotte blanches.

X X V I.

Néanmoins dans les campagnes, l'uniforme ne pourra être exigé ; le service des citoyens actifs & de leurs enfans âgés de dix - huit ans, inscrits , sera reçu sous quelque vêtement qu'ils se présentent ; mais à dater du 14 juillet prochain , ceux qui porteront uniforme seront tenus de se conformer , sans aucun changement , à celui qui est prescrit.

X X V I I.

Les drapeaux des gardes nationales seront aux trois couleurs, & porteront ces mots : *Le peuple Français ;* & ces autres mots : *La liberté ou la mort.*

X X V I I I.

Les anciennes milices bourgeoises , compagnies d'arquebusiers , fusiliers , chevaliers de l'arc ou de l'arbalètre , compagnies de volontaires & toutes autres , sous quelque forme & dénomination que ce soit , sont supprimées.

X X I X.

Les citoyens qui font actuellement le service de gardes nationales , continueront le service dont elles feront requises, jusqu'à ce que la nouvelle composition soit établie.

X X X.

L'Aſſemblée nationale, voulant rendre honneur à la vieilleſſe des bons citoyens, permet que, dans chaque canton, il ſe forme une compagnie de vétérans, de gens âgés de plus de ſoixante ans, organiſés comme les autres & vêtis du même uniforme; & ils ſeront diſtingués par un chapeau à la Henri IV, & une écharpe blanche: leur arme ſera un eſponton.

X X X I.

Ces vétérans ne ſeront employés que dans les événe-mens publics; ils aſſiſteront aſſis aux exercices des gardes nationales, diſtribueront les prix, & ſeront appelés les premiers dans chaque diſtrict au renouvellement de la fédération générale du 14 juillet.

X X X I I.

L'Aſſemblée nationale permet également qu'il s'éta-bliſſe dans chaque canton, ſous la même forme d'orga-niſation, une compagnie compoſée de jeunes citoyens au-deſſous de l'âge de dix-huit ans. Cette compagnie commandée par des officiers de la même claſſe, ſera ſoumiſe à l'inſpection de trois vétérans nommés à cet effet par leurs compagnies, ou à défaut de vétérans, d'inſpecteurs déſignés par les municipalités.

X X X I I I.

Il pourra y avoir dans chaque diſtrict deux compagnies de cavalerie, ce qui ſera déterminé par le directoire du département, ſur l'avis du directoire du diſtrict: on ſuivra pour leur formation & la nomination des officiers, les mêmes règles que pour celles des autres compagnies des gardes nationales.

Les officiers & cavaliers de ces compagnies, seront tenus d'avoir chacun leur cheval.

X X X I V.

Dans les districts qui voudront profiter de la permission qui leur est accordée, de mettre sur pied des compagnies de gardes nationales à cheval, elles seront formées du même nombre d'hommes déterminé pour la garde nationale parisienne à cheval ; mais outre les deux capitaines, il y aura, pour tout état-major, un chef d'escadron qui commandera les deux compagnies.

X X X V.

Dans les villes qui ont actuellement des compagnies de gardes nationales à cheval, elles se réduiront à deux, qui seront formées & commandées comme il a été dit dans l'article précédent : mais les hommes excédant le nombre de la formation, & qui ont fait jusqu'à présent partie du corps, y resteront attachés jusqu'à ce que le corps soit réduit au nombre fixé par les décrets, & l'on ne pourra y admettre jusques-là aucun nouveau sujet. Ils pourront conserver leur uniforme jusqu'au 14 juillet 1793.

L'uniforme de la cavalerie sera pareil à celui qui est fixé pour la garde nationale parisienne à cheval. Le bouton portera le nom du district.

X X X V I.

Les villes qui auront des pièces d'artillerie, pourront eu attacher deux à chacun de leurs bataillons de garde nationale, soit sédentaires, soit volontaires, destinés à la défense des frontières; & dans ce cas, il sera attaché à la compagnie des grenadiers du bataillon, une section de canonniers, composée d'un officier, deux sergens, deux caporaux & douze canonniers.

X X X V I I.

L'uniforme des canonniers de la garde nationale est réglé ainsi qu'il suit:

Habit bleu de roi, doublure écarlate, parement & collet écarlate, passe-poil blanc, revers blancs, passe-poil écarlate, les pattes des poches de l'habit à trois pointes, un gros bouton sur chaque pointe, quatre gros boutons au-dessous du revers, la manche ouverte & fermée par trois boutons.

Veste bleu de roi, passe-poil écarlate, culottes bleu de roi; pour retrousses, un canon & une grenade; les boutons comme ceux des gardes nationales.

SECTION TROISIÈME.

Des fonctions des citoyens servant en qualité de gardes nationales.

A R T I C L E P R E M I E R.

Les fonctions des citoyens servant en qualité de gardes nationales, sont de rétablir l'ordre & de maintenir l'obéissance aux lois, conformément aux décrets.

I I.

Les citoyens & leurs chefs, requis au nom de la loi, ne se permettront pas de juger si les réquisitions ont dû être faites, & seront tenus de les exécuter, provisoirement sans délibération ; mais les chefs pourront exiger la remise d'une réquisition par écrit, pour assurer la responsabilité des requérans.

I I I.

Les gardes nationales qui ne seront pas en activité de service, ne seront requis & employés qu'à défaut ou en cas d'insuffisance de la gendarmerie nationale, des gardes soldées dans les villes où il en a , & des troupes de ligne.

I V.

Toute délibération prise par les gardes nationales sur les affaires de l'état, du département, du district, de la commune, même de la garde nationale , à l'exception des affaires expressément renvoyées au conseil de discipline qui sera établi ci-après, est une atteinte à la liberté publique & un délit contre la constitution , dont la responsabilité sera encourue par ceux qui auront provoqué l'assemblée & par ceux qui l'auront présidée.

V.

Les citoyens ne pourront, ni prendre les armes , ni se rassembler en état de gardes nationales , sans l'ordre des chefs médiats ou immédiats , ni ceux-ci l'ordonner sans une réquisition légale, dont il sera donné communication aux citoyens, à la tête de la troupe.

V I.

Pourront cependant les chefs , sans réquisition particulière, faire toutes les dispositions & donner tous les

Ordres relatifs au service ordinaire & journalier, aux patrouilles de sûreté & aux exercices.

VII.

En cas de flagrant délit ou de clameur publique, tous Français, sans exception, doivent secours à ceux qui sont attaqués dans leurs personnes ou dans leurs propriétés; les coupables seront saisis, sans qu'il soit besoin de réquisition.

VIII.

Dans les cas de la réquisition permanente qui aura lieu aux époques d'alarmes & de troubles, les chefs donneront les ordres nécessaires pour que les citoyens se tiennent prêts à un service effectif; les patrouilles seront renforcées & multipliées.

IX.

Dans les cas de réquisitions particulières, ayant pour objet de réprimer les incursions extraordinaires du brigandage, ou les attroupemens séditieux contre la sûreté des personnes & des propriétés, la perception des contributions ou la circulation des subsistances, les chefs pourront ordonner, selon les occasions, ou des détachemens tirés des compagnies, ou le mouvement & l'action des compagnies entières.

X.

Les gardes nationales légalement requises, dissiperont toutes émeutes populaires & attroupemens séditieux; ils saisiront & livreront à la justice les coupables d'excès & violences, pris en flagrant délit ou à la clameur publique;

ils emploieront la force des armes, dans les cas où ils
en feront fpécialement requis par les officiers civils, aux
termes foit de la loi martiale, foit des articles XXV,
XXVI, XXVII, XXVIII & XXIX de la loi fur
la réquifition de la force publique.

X I.

Les corps de la garde nationale auront en tous lieux
le pas fur la gendarmerie nationale & la troupe de
ligne, lorfqu'ils fe trouveront en concurrence de fervice
avec elles : le commandement, dans les fêtes ou cérémonies civiles, appartiendra à celui des officiers des
trois corps qui aura la fupériorité du grade, ou dans le
même grade, la fupériorité de l'âge ; mais lorfqu'il
s'agira d'action militaire, les corps réunis feront commandés par l'officier fupérieur de la troupe de ligne ou
de la gendarmerie nationale.

X I I.

En cas d'invafion du territoire français par une
troupe étrangère, le roi pourra, par l'intermédiaire des
procureurs-généraux-fyndics, faire parvenir fes ordres
relativement au nombre des gardes nationales qu'il
jugera néceffaire.

X I I I.

Lorfque les gardes nationales légalement requifes
fortiront de leurs foyers pour aller contre l'ennemi exté-
rieur, elles feront payées par le tréfor public, & paffe-
ront fous les ordres du roi

X I V.

Les gardes nationales marchant en corps ne feront
point

point individuellement incorporées dans les troupes de ligne, mais elles marcheront toujours avec leurs drapeaux, ayant à leur tête les officiers de leur choix, sous le commandement du chef supérieur.

X V.

Aucun officier des gardes nationales ne pourra, dans le service ordinaire, faire distribuer des cartouches aux citoyens armés, si ce n'est en cas de réquisition précise, à peine de demeurer responsable des événemens.

X V I.

Tous les dimanches, pendant les mois d'avril, mai, juin, septembre & octobre, ou pendant les cinq mois de l'année qui seront déterminés par les administrations ou directoires de département, les citoyens se rassembleront par communes, ou dans les villes au-dessus de 4000 ames, par sections, pour être exercés suivant l'instruction arrêtée à cet effet & qui a été distribuée dans les départemens.

Tous les premiers dimanches des mêmes mois, ils se rassembleront par bataillon dans le chef-lieu de canton, pour y apprendre l'ensemble des marches & évolutions militaires & tirer à la cible. Les administrations de département détermineront avec économie la dépense de ces rassemblemens & exercices.

Il sera donné chaque fois au meilleur tireur, un prix d'honneur dont la valeur n'excédera pas six livres, & dont les fonds seront faits par compagnie pour l'année entière.

X V I I.

Les citoyens actifs qui se présenteront à une assemblée de commune, assemblée primaire, assemblée électorale, ou toute autre affemblée politique, avec des armes de quelque efpèce qu'elles foient, feront avertis de fe retirer, par le préfident & autres officiers, & toute délibération fera à l'inftant interrompue jufqu'à ce qu'ils, foient fortis.

X V I I I.

Les fufils & moufquets de fervice & le furplus de l'armement délivrés des arfenaux de la nation, étant une propriété publique, le nombre en fera conftaté par chaque municipalité, & les citoyens qui en feront dépofitaires, feront tenus d'en faire la repréfentation tous les trois mois en bon état, & toutes les fois que la municipalité le requerra, ou d'en payer la valeur.

X I X.

Le drapeau de chaque bataillon fera dépofé chez le commandant du bataillon : les flammes des compagnies feront dépofées chez les capitaines.

X X.

Le ferment fédératif fera renouvelé chaque année dans le chef-lieu du diftrict, le 14 juillet, jour anniverfaire de la fédération générale.

X X I.

Il ne fera fait à l'avenir aucune fédération particulière : tout acte de ce genre eft déclaré un attentat à l'unité du royaume & à la fédération conftitutionnelle de tous les Français.

SECTION QUATRIÈME.

De l'ordre du service.

ARTICLE PREMIER.

L'ordre & le rang des bataillons, des compagnies de chaque bataillon, des pelotons, sections & escouades de chaque compagnie étant réglés par le sort tous les ans, ainsi qu'il est dit en l'article XII de la section seconde, l'ordre du service sera déterminé sur cette base toutes les fois qu'il faudra rassembler & mettre en marche des bataillons de gardes nationales.

I I.

Les bataillons seront formés d'un nombre égal d'escouades tirées de chacune des compagnies.

I I I.

Le tour commencera toujours par la première escouade de la première compagnie du premier bataillon, & continuera par la première escouade de la deuxième compagnie, jusqu'à la première escouade de la dernière compagnie du dernier bataillon, & toutes ces escouades composeront huit compagnies qui formeront un bataillon.

I V.

S'il faut un second bataillon, le tour de service sera repris dans le même ordre, à l'escouade où le précédent tour du service se sera arrêté.

V.

Chaque bataillon ainsi formé sera divisé de la même

manière que les bataillons primitifs des gardes nationales;
& sur le pied du taux moyen quant au nombre des
hommes ; il en sera de même des compagnies.

V I.

Il y aura parmi les officiers de chaque grade, un rang
de piquet réglé par le sort, & l'adjudant-général en
tiendra note.

V I I.

Les officiers de chaque grade seront appelés au commandement des compagnies, bataillons & détachemens,
suivant le rang dont il vient d'être parlé.

V I I I.

Il y aura dans le détachement par compagnies &
bataillons, le même nombre d'officiers que dans l'organisation primitive.

I X.

Les mêmes règles seront suivies dans chaque canton
pour les petits détachemens ; les escouades seront tirées
à tour de rôle de chaque compagnie du bataillon, de
la manière qui vient d'être expliquée.

X.

S'il est nécessaire de rassembler deux ou trois compagnies, elles seront formées par d'autres escouades
commandées pareillement à tour de rôle, en commençant au point où le précédent tour de service se sera
arrêté.

X I.

Les compagnies ainſi formées feront commandées par le même nombre d'officiers déterminé pour l'organiſation primitive & pris à tour de rôle, aux termes de l'article VI.

X I I.

En cas d'invaſion ou d'alarme ſubite dans une commune, les citoyens marcheront par compagnies, pelotons, ſections ou eſcouades, tels qu'ils ont été primitivement formés, ſous les ordres de leurs capitaines, lieutenans, ſous-lieutenans, ſergens, caporaux ou anciens, ſur la première réquiſition qui leur en ſera faite par le corps municipal.

X I I I.

Les patrouilles, ſoit ordinaires, ſoit extraordinaires, ſe feront dans les villes, ſelon le même tour de rôle, par demi-eſcouades ou par eſcouades tirées des diverſes compagnies, en reprenant toujours le rang de ſervice au point où le précédent s'eſt arrêté.

SECTION CINQUIEME.

De la diſcipline des citoyens ſervant en qualité de gardes nationales.

ARTICLE PREMIER.

Ceux qui feront élus pour commander dans quelque grade que ce ſoit, ſe comporteront comme des citoyens qui commandent à des citoyens.

N 3

I I.

Chacun de ceux qui font le fervice de la garde nationale, rentrant à l'inftant où chaque fervice eft fini dans la claffe générale des citoyens, ne fera fujet aux lois de la difcipline que pendant la durée de fon activité.

I I I.

Le chef médiat ou immédiat, quel que foit fon grade, n'ordonnera de raffemblement que lorfqu'il aura été requis légalement; mais les citoyens fe réuniront à l'ordre de leur chef, fans aucun retard, fauf la refponfabilité de celui-ci.

I V.

S'il arrivoit néanmoins que quelques-uns des citoyens infcrits, diftribués par compagnies, ne fe préfentaffent ni par eux-mêmes, ni par des foldats citoyens de la même compagnie, aux ordres donnés par les chefs médiats ou immédiats, ceux-ci ne pourront ufer d'aucun moyen de force, mais feulement les déférer aux officiers municipaux qui les foumettront à la taxe du remplacement comme il eft dit ci-deffus.

V.

Tant que les citoyens font en état de fervice, ils font tenus d'obéir aux ordres de leurs chefs.

V I.

Ceux qui manqueroient foit à l'obéiffance, foit au refpect dû à la perfonne des chefs, foit aux règles du fervice, feront punis des peines de difcipline.

VII.

Les peines de discipline seront les mêmes pour les officiers, sous-officiers & soldats, sans aucune distinction.

VIII.

La simple désobéissance sera punie des arrêts, qui ne pourront excéder deux jours.

IX.

Si elle est accompagnée d'un manque de respect ou d'une injure envers les officiers ou sous-officiers, la peine sera des arrêts pendant trois jours, ou de la prison pendant vingt-quatre heures.

X.

Si l'injure est grave, le coupable sera puni de huit jours d'arrêts ou de quatre jours de prison.

XI.

Pour manquement au service ou à l'ordre, la peine sera d'être suspendu de l'honneur de servir depuis un jour jusqu'à trois.

XII.

La sentinelle qui abandonnera son poste, sera punie par huit jours de prison; le détachement qui abandonneroit le poste qui lui seroit confié, sera puni de quatre jours de prison. Si le commandant ne pouvoit justifier qu'il a fait tout ce qu'il a pu pour conserver le poste,

N 4

il fera puni de deux fois vingt-quatre heures de prifon ;
s'il l'avoit abandonné , il fera également puni de deux
fois vingt-quatre heures de prifon & deftitué.

X I I I.

Celui qui troublera le fervice par des confeils d'in-
fubordination , fera condamné à fept jours de prifon.

X I V.

Ceux qui ne fe foumettront pas à la peine prononcée,
feront notés fur le tableau des gardes nationales, &
par fuite fufpendus de l'exercice des droits de citoyen
actif, jufqu'à ce qu'ils viennent exprimer leur repentir
& fubir la peine impofée ; & néanmoins ceux qui feront
foumis à la taxe, feront tenus de la payer.

X V.

Il fera créé pour chaque bataillon , un confeil de
difcipline , lequel fera compofé du commandant en chef,
des deux capitaines les plus âgés , du plus âgé des lieutenans , des deux plus âgés des fous - lieutenans , du
plus âgé des fergens , des deux plus âgés des caporaux,
& des quatre fufiliers les plus âgés dans chacune des
compagnies , lefquelles les fourniront alternativement
de fix mois en fix mois, par tour de quatre. Ce
confeil s'affemblera par ordre du commandant en chef
toutes les fois qu'il fera néceffaire ; le commandant le
préfidera.

X V I.

Ce confeil eft la feule affemblée dans laquelle les
gardes nationales pourront exercer en cette qualité le

droit de délibérer, & ils ne pourront y délibérer que sur les objets de la difcipline intérieure.

X V I I.

Ceux qui croiront avoir à fe plaindre d'une punition de difcipline, pourront, après avoir obéi, porter leurs plaintes à ce confeil qui ne pourra en aucun cas prononcer contre ceux qui auront tort, aucune peine plus forte que celles qui font établies dans la préfente fection.

X V I I I.

Tout délit, tant militaire que civil, qui mériteroit de plus grandes peines, ne fera plus réprimé par les lois de la difcipline, mais rentrera fous la loi générale des citoyens, & fera déféré au juge-de-paix, foit pour être puni, fauf l'appel, aux peines de police, foit pour être renvoyé au tribunal criminel s'il y a lieu.

X I X.

Lorfqu'il y aura raffemblement de gardes nationales pour marcher hors de leurs diftricts refpectifs, ils feront foumis aux lois décrétées pour le militaire.

Articles généraux.

ARTICLE PREMIER.

Les chefs & officiers de légions, commandans de bataillons, capitaines & officiers des compagnies, feront refponfables à la nation de l'abus qu'ils pourront faire de la force publique, & de toute violation des articles du préfent décret, qu'ils auront commife, autorifée ou tolérée.

I I.

Les administrations & directoires de département veilleront, par eux-mêmes & par les administrations &
directoires de district, fur l'exécution du préfent décret,
& feront tenus, fous leur refponfabilité, de donner
connoiffance au Corps légiflatif de tous les faits de contravention qui feroient de nature à compromettre la
sûreté ou la tranquillité des citoyens, fans préjudice
de l'emploi provifoire de la force publique, dans tous
les cas où cette mefure feroit néceffaire au rétabliffement
de l'ordre.

Mandons & ordonnons à tous les corps adminiftratifs
& tribunaux, que les préfentes ils faffent configner dans
leurs regiftres, lire, publier & afficher dans leurs départemens & reffotts refpectifs, & exécuter comme loi
du Royaume. Mandons & ordonnons pareillement à tous
les officiers généraux & autres qui commandent les troupes
de ligne dans les différens départemens du Royaume,
comme auffi à tous les officiers, fous-officiers & gendarmes de la gendarmerie nationale, & à tous autres à
qui il appartiendra, de fe conformer ponctuellement à
ces préfentes.

2102.

L O I

Concernant la répartition & la fixation des contributions foncière & mobiliaire, & sur la prorogation des contributions indirectes pour l'année 1792.

Donnée à Paris le 14 octobre 1791.

Louis, par la grace de Dieu, &c.

Décret du 29 septembre 1791.

L'Assemblée Nationale décrète ce qui suit :

ARTICLE PREMIER.

La contribution foncière fera, pour l'année 1792, de deux cent quarante millions, qui feront versés en totalité au tréfor public.

I I.

La contribution mobiliaire fera, pour l'année 1792, de foixante millions, qui feront versés en totalité au tréfor public.

I I I.

Il fera perçu, en outre du principal de deux cent quarante millions pour la contribution foncière, un fou pour livre, formant un fonds de non-valeur de douze millions, dont huit feront à la difpofition de la légiflature, pour être employés par elle en dégrèvemens ou secours pour les départemens, & quatre seront à la disposition des administrations de départemens, pour être employés par elles en décharges ou réductions, remises ou modérations.

I V.

Il sera perçu, en outre du principal de soixante millions pour la contribution mobiliaire, deux sous pour livre, formant un fonds de non-valeur, dont trois millions à la disposition de la législature, pour être employés par elle en dégrèvemens ou secours pour les départemens, & trois millions à la disposition des administrations de départemens, pour être employés par elles en décharges ou réductions, remises ou modérations, conformément aux mêmes articles.

V.

Les départemens & les districts fourniront aux frais de perception & aux dépenses particulières mises à leur charge par le décret de l'Assemblée nationale, au moyen de sous & deniers additionnels en nombre égal, sur les contributions foncière & mobiliaire.

V I.

Les municipalités fourniront pareillement à la rétribution & aux taxations de leurs receveurs, au moyen des deniers additionnels aux contributions foncière & mobiliaire.

V I I.

Les lois des premier décembre 1790, & 20 juillet 1791, relatives à la contribution foncière, seront exécutées pour 1792.

V I I I.

L'Assemblée nationale législative déterminera, avant

le premier janvier 1792, la proportion avec le revenu net foncier, au-delà de laquelle la cotisation ne devra pas s'élever; & tout contribuable qui justifieroit que la propriété a été cotisée à une somme plus forte que ce *maximum*, aura droit à une réduction, en se conformant aux règles prescrites par la loi du 18 août 1791, sur les décharges & réductions.

I X.

L'Assemblée nationale législative déterminera aussi à la même époque, le taux de la retenue à faire sur les rentes ci-devant seigneuriales foncières, perpétuelles ou viagères.

X.

Les lois du 18 février & 3 juin 1791, relatives à la contribution mobiliaire, seront exécutées pour 1792.

X I.

Aussitôt que les directoires de départemens auront reçu le présent décret, ils prépareront le répartement de leurs districts, de la portion contributive assignée à chaque département dans les contributions foncière & mobiliaire pour l'année 1792. Ce répartement sera définitivement arrêté par les conseils de départemens dans leur prochaine session, & les directoires enverront aussitôt aux directoires de district, deux commissions séparées qui fixeront le contingent de chaque district dans chacune des deux contributions.

La disposition du présent article n'autorisera point les conseils de départemens à rien changer au répartement de 1791, qui, aux termes de la loi du 17 juin 1791, a dû être définitivement arrêté par les directoires.

X I I.

Aussitôt que les commissions des directoires de départemens feront parvenues aux directoires de diftrict ; ceux-ci feront entre les communautés la répartition du contingent affigné à leur diftrict, & enverront à ces communautés deux mandemens qui fixeront la quote-part de chacune dans les deux contributions.

X I I I.

La commiffion du directoire du département, pour chacune des deux contributions, contiendra, par articles féparés, la fixation,

1°. Du principal des contributions, foit foncière, foit mobiliaire ;

2°. Des fous additionnels au marc la livre, du principal de l'une & de l'autre contribution, deftinés aux fonds des non-valeurs, décharges, réductions, remifes, ou modérations.

3°. Des fous & deniers additionnels qui feront néceffaires pour les dépenfes à la charge du département.

X I V.

Le mandement du directoire du diftrict contiendra de même par articles féparés, la fixation,

1°. Du principal des contributions, foit foncière, foit mobiliaire ;

2°. Des fous additionnels deftinés aux fonds des non-valeurs, décharges, réductions, remifes ou modérations ;

3°. Des fous & deniers additionnels pour les frais & dépenfes du département ;

4°. Des fous & deniers additionnels, pour les frais & dépenfes du diftrict & taxation de fon receveur.

X V.

Les préambules des rôles des contributions pour les communautés, énonceront la fixation,

1º. Du principal des contributions;

2º. Des sous additionnels destinés aux fonds de non-valeurs, décharges, réductions, remises ou modérations;

3º. Des sous & deniers additionnels pour le département;

4º. Des sous & deniers additionnels pour le district;

5º. Des deniers additionnels à répartir pour les taxations du receveur de la communauté.

X V I.

Quant aux sous & deniers additionnels, nécessaires aux communautés pour leurs charges & dépenses locales, ils seront rapportés par émargement, sur la colonne du rôle à ce destinée, aussitôt après que l'état en aura été arrêté par les directoires de départemens, sur l'avis des directoires de districts, & d'après la demande & l'examen des besoins des municipalités.

X V I I.

Les directoires de départemens pourront envoyer les inspecteurs ou visiteurs des rôles, créés par la loi du 9 octobre 1791, dans les communautés qui les demanderont & dans celles dont les matrices de rôles seroient en retard, pour les aider à parachever lesdites matrices de rôles.

X V I I I.

Les principaux des contributions foncière & mobiliaire pour 1792, seront répartis entre les quatre-vingt-trois départemens du royaume, ainsi qu'il suit:

NOMS des DÉPARTEMENS.	Contribution foncière.	Contribution mobiliaire.	TOTAL des deux contributions.
1. *Ain.* Contribution foncière , un million quatre cent cinquante - deux mille cinq cents livres. Contribution mobiliaire , deux cent quatre-vingt-cinq mille quatre cents livres. Total des deux contributions, un million sept cent trente-sept mille neuf cents liv., ci	1,452,500	285,400	1,737,900
2. *Aisne.* Contribution foncière , quatre millions sept cent cinquante-sept mille neuf cents livres. Contribution mobiliaire , neuf cent quatre - vingt - onze mille sept cents livres. Total des deux contributions, cinq millions sept cent quarante - neuf mille six cents livres , ci	4,757,900	991,700	5,749,600
3. *Allier.* Contribution foncière , un million neuf cent soixante-dix - huit mille huit cents livres. Contribution mobi-			

liaire ;

NOMS des DÉPARTEMENS.	Contribution foncière.	Contribution mobiliaire.	TOTAL des deux contributions.
liaire , quatre cent trente-fept mille fept cents livres. Total des deux contributions, deux millions quatre cent feize mille cinq cents liv., ci ··············	1,978,800	437,700	2,416,500
4. *Hautes - Alpes.* Contribution foncière, fept cent vingt - huit mille cinq cents liv. Contribution mobiliaire, cent foixante-huit mille huit cents l. Total des deux contributions , huit cent quatre - vingt-dix-fept mille trois cents l., ci.	728,500	168,800	897,300
5. *Baffes-Alpes.* Contribution foncière , neuf cent vingt - un mille cent livres. Contribution mobiliaire, deux cent treize mille neuf cents livres. Total des deux contributions , un million cent trente-cinq mille livres , ci ···········	921,100	213,900	1,135,000
6. *Ardèche.* Contribution foncière , un million deux cent vingt-huit mille cent l.			

Collec. des Lois. Tome XIV.   O

NOMS des DÉPARTEMENS.	Contribution foncière.	Contribution mobiliaire.	TOTAL des deux contributions.
Contribution mobiliaire, deux cent soixante-seize mille neuf cents livres. Total des deux contributions, un million cinq cent cinq mille livres, ci	1,228,100	276,900	1,505,000
7. *Ardennes.* Contribution foncière, deux millions cinq cent soixante - seize mille trois cents liv. Contribution mobiliaire, cinq cent soixante-douze mille huit cents livres. Total des deux contributions, trois millions cent quarante-neuf mille cent liv., ci.	2,576,300	572,800	3,149,100
8. *Ariege.* Contribution foncière, sept cent quarante - cinq mille six cents livres. Contribution mobiliaire, cent cinquante-sept mille cent livres. Total des deux contributions, neuf cent deux mille sept cents livres, ci	745,600	157,100	902,700
9. *Aube.* Contribution foncière, deux			

NOMS des DÉPARTEMENS.	Contribution foncière.	Contribution mobiliaire.	TOTAL des deux contributions.
millions sept cent onze mille six cents livres. Contribution mobiliaire, six cent huit mille six cents livres. Total des deux contributions, trois millions trois cent vingt mille deux cents l., ci.	2,711,600	608,600	3,320,200
10. *Aude*. Contribution foncière, deux millions cinq cent soixante-dix-sept mille deux cents livres. Contribution mobiliaire, cinq cent cinquante-deux mille cinq cents liv. Total des deux contributions, trois millions cent vingt-neuf mille sept cents l., ci.	2,577,200	552,500	3,129,700
11. *Aveiron*. Contribution foncière, trois millions cent soixante-quatre mille l. Contribution mobiliaire, six cent soixante-huit mille cent livres. Total des deux contributions, trois millions huit cent trente-deux mille cent l., ci.	3,164,000	668,100	3,832,100

O 2

NOMS des DÉPARTEMENS.	Contribution foncière.	Contribution mobiliaire.	TOTAL des deux contributions.
12. *Bouches - du-Rhône.* Contribution foncière , deux millions deux cent vingt-six mille huit cents liv. Contribution mobiliaire , neuf cent quarante-quatre mille six cents livres. Total des deux contributions , trois millions cent soixante-onze mille quatre cents livres , ci····	2,226,800	944,600	3,171,400
13. *Calvados.* Contribution foncière , cinq millions six cent quatre - vingt - quatre mille sept cents liv. Contribution mobiliaire , un million deux cent douze mille cinq cents livres. Total des deux contributions , six millions huit cent quatre-vingt-dix - sept mille deux cents livres , ci····	5,684,700	1,212,500	6,897,200
14. *Cantal* Contribution foncière , deux millions six cent quarante-neuf mille trois cents livres. Contribution mobi-			

NOMS des DÉPARTEMENS.	Contribution foncière.	Contribution mobiliaire.	TOTAL des deux contributions.
Faire , fix cent dix-fept mille neuf cents livres. Total des deux contributions , trois millions deux cent foixante-fept mille deux cents livres, ci	2,649,300	617,900	3,267,200
15. *Charente*. Contribution foncière , deux millions fept cent quatre mille quatre cents livres. Contribution mobiliaire , cinq cent foixante-onze mille neuf cents livres. Total des deux contributions , trois millions deux cent foixante-feize mille trois cents livres , ci.....	2,704,400	571,900	3,276,300
16. *Charente - inférieure*. Contribution foncière , trois millions fix cent cinquante - fix mille cent livre.. Contribution mobiliaire, fix cent quatre-vingt - douze mille quatre cents livres. Total des deux contributions, quatre mil-			

NOMS des DÉPARTEMENS.	Contribution foncière.	Contribution mobiliaire.	TOTAL des deux contributions.
lions trois cent qua-rante-huit mille cinq cents livres , ci · · · ·	3,656,100	692,400	4,348,500
17. *Cher.* Contri-bution foncière , un million cinq cent cin-quante-huit mille neuf cents livres. Contribution mobi-liaire , trois cent cin-quante mille deux cents livres. Total des deux con-tributions, un million neuf cent neuf mille cent livres , ci · · · · · ·	1,558,900	350,200	1,909,100
18. *Corrèze.* Contri-bution foncière , un million huit cent cin-quante-six mille fept cents livres. Contribution mobi-liaire , quatre cent vingt-fept mille fept cents livres. Total des deux con-tributions , deux mil-lions deux cent quatre-vingt - quatre mille quatre cents liv., ci ·	1,856,700	427,700	2,284,400
19. *Corfe.* Contri-bution foncière , deux			

NOMS des DÉPARTEMENS.	Contribution foncière.	Contribution mobiliaire.	TOTAL des deux contributions.
cent vingt trois mille neuf cents livres. Contribution mobiliaire, soixante mille neuf cents livres. Total des deux contributions, deux cent quatre-vingt-quatre mille huit cents l., ci.	223,900	60,900	284,800
20. *Côtes-d'Or.* Contribution foncière, trois millions trois cent quatre-vingt-sept mille quatre cents livres. Contribution mobiliaire, sept cent vingt-un mille huit cents liv. Total des deux contributions, quatre millions cent neuf mille deux cents livres, ci.	3,387,400	721,800	4,109,200
21. *Côtes-du-Nord.* Contribution foncière, deux millions cent soixante-trois mille cinq cents livres. Contribution mobiliaire, quatre cent trois mille deux cents livres. Total des deux contributions, deux millions cinq cent soi-			

NOMS des DÉPARTEMENS.	Contribution foncière.	Contribution mobiliaire.	TOTAL des deux contributions.
	tt	tt	tt
xante - six mille sept cent livres, ci· · · · · ·	2,163,500	403,200	2,566,700
22. *Creuse*. Contri bution foncière , un million cinq cent dix mille six cents livres. Contribution mobi- liaire, trois cent soi- xante - quatorze mille huit cents livres. Total des deux con- tributions, un million huit cent quatre-vingt- cinq mille quatre cents livres , ci · · · · · · · · ·	1,510,600	374,800	1,885,400
23. *Dordogne*. Con- tribution foncière , deux millions huit cent cinq mille cent livres Contribution mobi- liaire , cinq cent qua- tre - vingt - cinq mille livres. Total des deux con- tributions, trois mil- lions , trois cent qua- tre - vingt - dix mille cent livres , ci · · · · · ·	2,805,100	585,000	3,390,100
24. *Doubs*. Contri- bution foncière , un million trois cent qua-			

NOMS des DÉPARTEMENS.	Contribution foncière.	Contribution mobiliaire.	TOTAL des deux contributions.
rante-huit mille huit cents livres. Contribution mobiliaire, deux cent quatre-vingt-cinq mille cent livres. Total des deux contributions, un million six cent trente-trois mille neuf cents liv., ci ················	1,348,800	285,100	1,633,900
25. *Drome.* Contribution foncière, un million six cent quatre-vingt-quatre mille huit cents livres. Contribution mobiliaire, trois cent soixante-seize mille cinq cents livres. Total des deux contributions, deux millions soixante-un mille trois cents livres, ci·	1,684,800	376,500	2,061,300
26. *Eure.* Contribution foncière, quatre millions neuf cent quatre-vingt-trois mille livres. Contribution mobiliaire, neuf cent quatre-vingt-six mille neuf cents livres.			

NOMS des DÉPARTEMENS.	Contribution foncière.	Contribution mobiliaire.	TOTAL des deux contributions.
Total des deux contributions, cinq millions neuf cent foixante-neuf mille neuf cents livres, ci · · · · ·	4,983,000	986,900	5,969,900
27. *Eure - & - Loir.* Contribution foncière, trois millions huit cent foixante - quatorze mille fept cents livres. Contribution mobiliaire, neuf cent vingt-neuf mille huit cents livres. Total des deux contributions , quatre millions huit cent quatre mille cinq cents livres, ci · · · · · · · · · ·	3,874,700	929,800	4,804,500
28. *Finiftère.* Contribution foncière, un million fept cent quarante-deux mille neuf cents livres. Contribution mobiliaire , fix cent cinquante mille deux cents livres. Total des deux contributions, deux millions trois cent quatre-vingt-treize mille cent livres, ci · · · · · · · · · ·	1,742,900	650,200	2,393,100

NOMS des DÉPARTEMENS.	Contribution foncière.	Contribution mobiliaire.	TOTAL des deux contributions.
29. *Gard.* Contribution foncière , deux millions deux cent quatre-vingt-dix-sept mille trois cents liv. Contribution mobiliaire , quatre cent quatre-vingt-six mille cinq cents livres. Total des deux contributions , deux millions sept cent quatre-vingt-trois mille huit cents liv. , ci ······	tt 2,297,300	tt 486,500	tt 2,783,800
30. *Haute-Garonne.* Contribution foncière , trois millions sept cent soixante-quinze mille neuf cents livres. Contribution mobiliaire , huit cent trente-trois mille livres. Total des deux contributions, quatre millions six cent huit mille neuf cents livres , ci ·	3,775,900	833,000	4,608,900
31. *Gers.* Contribution foncière , deux millions sept cent quatorze mille sept cents livres. Contribution mobi-			

NOMS des DÉPARTEMENS.	Contribution foncière.	Contribution mobiliaire.	TOTAL des deux contributions.
liaire , cinq cent qua-tre · vingt mille huit cents livres.			
Total des deux con-tributions , trois mil-lions deux cent quatre-vingt quinze mille cinq cents livres , ci · · · · ·	2,714,700	580,800	3,295,500
32. *Gironde*. Con-tribution foncière , trois millions neuf cent cinquante · huit mille neuf cents liv.			
Contribution mobi-liaire, un million trois cent huit mille quatre cents livres.			
Total des deux con-tributions , cinq mil-lions deux cent soi-xante-sept mille trois cents livres , ci · · · · ·	3,958,900	1,308,400	5,267,300
33. *Hérault*. Con-tribution foncière , trois millions quatre cent quatre-vingt-trois mille neuf cents liv.			
Contribution mobi-liaire , sept cent soi-xante - six mille cinq cents livres.			
Total des deux con-tributions, quatre mil-			

NOMS des DÉPARTEMENS.	Contribution foncière.	Contribution mobiliaire.	TOTAL des deux contributions.
lions deux cent cinquante mille quatre cents livres , ci · · · ·	3,483,900	766,500	4,250,400
34. *Ille-&-Vilaine.* Contribution foncière , deux millions six cent quatre mille trois cents livres. Contribution mobiliaire, cinq cent quarante-deux mille quatre cents livres. Total des deux contributions, trois millions cent quarante-six mille sept cents livres , ci · · · · · · · · ·	2,604,300	542,400	3,146,700
35. *Indre.* Contribution foncière , un million trois cent quatre-vingt-dix-neuf mille sept cents livres. Contribution mobiliaire , trois cent vingt-neuf mille cent livres. Total des deux contributions, un million sept cent vingt-huit mille huit cents liv. , ci · · · · · · · · · · · ·	1,399,700	329,100	1,728,800
36. *Indre-&-Loire.*			

NOMS des DÉPARTEMENS.	Contribution foncière.	Contribution mobiliaire.	TOTAL des deux contributions.
Contribution foncière , deux millions quatre cent trente-deux mille livres. Contribution mobiliaire , cinq cent cinquante - quatre mille sept cents livres. Total des deux contributions, deux millions neuf cent quatre-vingt - six mille sept cents livres , ci · · · · ·	2,432,000	554,700	2,986,700
37. *Isère*. Contribution foncière , trois millions cent quatre-vingt - un, mille huit cents livres. Contribution mobiliaire, sept cent trente-cinq mille cinq cents livres. Total des deux contributions , trois millions neuf cent dix sept mille trois cents livres , ci · · · · · · · · · ·	3,181,800	735,500	3,917,300
38. *Jura*. Contribu tion foncière , un million sept cent vingt-cinq mille sept cents livres. Contribution mobi-			

NOMS des DÉPARTEMENS.	Contribution foncière.	Contribution mobiliaire.	TOTAL des deux contributions.
liaire, quatre cent quinze mille six cents livres. Total des deux contributions deux millions cent quarante-un mille trois cents livres, ci ··········	1,725,700	415,600	2,141,300
30. *Landes*. Contribution foncière, un million deux cent cinquante-un mille trois cents livres. Contribution mobiliaire, deux cent soixante sept mille liv. Total des deux contributions, un million cinq cent dix-huit mille trois cents livres, ci ··········	1,251,300	267,000	1,518,300
40. *Loir-&-Cher*. Contribution foncière, deux millions deux cent soixante-deux mille cent livres. Contribution mobiliaire, cinq cent quatre-vingt mille deux cents livres. Total des deux contributions, deux millions huit cent qua-			

NOMS des DÉPARTEMENS.	Contribution foncière.	Contribution mobiliaire.	TOTAL des deux contributions.
rante-deux mille trois cents livres , ci	₶ 2,262,100	₶ 580,200	₶ 2,842,300
41. *Haute-Loire.* Contribution foncière, un million six cent vingt-neuf mille cinq cents livres. Contribution mobiliaire, trois cent cinquante-un mille cent l. Total des deux contributions, un million neuf cent quatre vingt mille six cents liv., ci.	1,629,500	351,100	1,980,600
42. *Loire-inférieure.* Contribution foncière , deux millions trente - quatre mille deux cents livres. Contribution mobiliaire, neuf cent quarante - six mille cinq cents livres. Total des deux contributions , deux millions neuf cent quatre-vingt mille sept cents livres , ci	2,034,200	946,500	2,980,700
43. *Loiret.* Contribution foncière, trois millions deux cent quarante - un mille cinq cents livres.			

Contribution

NOMS des DÉPARTEMENS.	Contribution foncière.	Contribution mobiliaire.	TOTAL des deux contributions.
Contribution mobiliaire , six cent quarante - quatre mille huit cents livres. Total des deux contributions , trois millions huit cent quatrevingt - six mille trois cents livres , ci · · · · ·	₶ 3,241,500	₶ 644,800	₶ 3,886,300
44. *Lot.* Contribution foncière , trois millions soixante mille trois cents livres. Contribution mobiliaire , six cent onze mille sept cents livres. Total des deux contributions , trois millions six cent soixantedouze mille livres, ci ·	3,060,300	611,700	3,672,000
45. *Lot-&-Garonne.* Contribution foncière , trois mil'ions cent quatre-vingt-quatorze mille huit cents livres. Contribution mobiliaire, six cent quatrevingt-dix-sept mille six cents livres. Total des deux contributions , trois millions huit cent quatre-			

NOMS des DÉPARTEMENS.	Contribution foncière.	Contribution mobiliaire.	TOTAL des deux contributions.
vingt - douze mille quatre cents liv. , ci·	†† 3,194,800	†† 697,600	⚓ 3,892,400
46. *Lozère.* Contribution foncière , huit cent quarante - trois mille neuf cents liv. Contribution mobiliaire , cent foixante- dix - neuf mille fix cents livres. Total des deux contributions , un million vingt-trois mille cinq cents livres , ci·····	843,900	179,600	1,023,500
47. *Maine & - Loire.* Contribution fon - cière , trois millions huit cent foixante- onze mille cinq cents l. Contribution mobi liaire , huit cent qua- tre-vingt-quatre mille huit cents livres. Total des deux con- tributions , quatre mil- lions fept cent cin- quante-fix mille trois cents livres , ci ·····	3,871,500	884,800	4,756,300
48. *Manche.* Contribution foncière , cinq millions cin- quante - un mille huit cents livres.			

NOMS des DÉPARTEMENS.	Contribution foncière.	Contribution mobiliaire.	TOTAL des deux contributions.
Contribution mobiliaire, un million quatre-vingt-treize mille trois cents livres. Total des deux contributions, six millions cent quarante-cinq mille cent livres, ci··	5,051,800	1,093,300	6,145,100
49. *Marne.* Contribution foncière, quatre millions cent cinquante-un mille huit cents livres. Contribution mobiliaire, neuf cent vingt-cinq mille huit cents l. Total des deux contributions, cinq millions soixante dix-sept mille six cents liv., ci.	4,151,800	925,800	5,077,600
50. *Haute - Marne.* Contribution foncière, deux millions trois cent soixante-cinq mille livres. Contribution mobiliaire, cinq cent quatorze mille deux cents livres. Total des deux contributions, deux millions huit cent soixante-dix-neuf mille			

NOMS des DÉPARTEMENS.	Contribution foncière.	Contribution mobiliaire.	TOTAL des deux contributions.
	tt	tt	tt
deux cents livres, ci.	2,365.000	514,200	2,879,200
51. *Mayenne.* Contribution foncière, trois millions quarante mille six cents livres. Contribution mobiliaire, sept cent sept mille neuf cents liv. Total des deux contributions, trois millions sept cent quarante-huit mille cinq cents livres, ci.....	3,040,600	707,900	3,748,500
52. *Meurthe.* Contribution foncière, deux millions deux cents quarante-sept mille sept cents liv. Contribution mobiliaire, trois cent trente-six mille sept cents liv. Total des deux contributions, deux millions cinq cent quatre-vingt-quatre mille quatre cents liv., ci.	2,247,700	336,700	2,584,400
53. *Meuse.* Contribution foncière, deux millions cent cinquante neuf mille cent livres.			

NOMS des DÉPARTEMENS.	Contribution foncière.	Contribution mobiliaire.	TOTAL des deux contributions.
Contribution mobiliaire , quatre cent vingt-huit mille quatre cents livres. Total des deux contributions , deux millions cinq cent quatre-vingt - sept mille cinq cents livres , ci.....	2,159,100	428,400	2,587,500
54. Morbihan. Contribution foncière , un million neuf cent vingt-six mille six cents livres. Contribution mobiliaire , quatre cent trois mille livres. Total des deux contributions , deux millions trois cent vingt-neuf mille six cents livres , ci	1,926,600	403,000	2,329,600
55. Moselle. Contribution foncière , deux millions quatre cent quarante - huit mille cinq cents livres. Contribution mobiliaire , quatre cent trente - deux mille six cents livres. Total des deux contributions , deux mil-			

P

NOMS des DÉPARTEMENS.	Contribution foncière.	Contribution mobiliaire.	TOTAL des deux contributions.
lions huit cent quatre-vingt - un mille cent livres , ci··········	†† 2,448,50⬤	†† 432,6co	* 2,881,100
56. *Nièvre*. Contribution foncière , un million neuf cent treize mille livres. Contribution mobiliaire , quatre cent onze mille deux cents livres. Total des deux contributions , deux millions trois cent vingt-quatre mille deux cents livres , ci·····	1,913,cco	411,200	2,324,200
57. *Nord*. Contribution foncière, cinq millions cent soixante-quinze mille huit cents livres. Contribution mobiliaire , un million quatre - vingt - trois mille quatre cents liv. Total des deux contributions , six millions deux cent cinquante-neuf mille deux cents livres , ci ·····	5,175,800	1,083,400	6,259,200
58. *Oise*. Contribution foncière , quatre			

NOMS des DÉPARTEMENS.	Contribution foncière.	Contribution mobiliaire.	TOTAL des deux contributions.
millions huit cent quatre-vingt-dix-huit mille sept cents livres. Contribution mobiliaire, un million quarante six mille cinq cents livres. Total des deux contributions, cinq millions neuf cent quarante-cinq mille deux cents livres, ci.....	4,898,700	1,046,500	5,945,200
59. Orne. Contribution foncière, trois millions cinq cent cinquante-huit mille six cents livres. Contribution mobiliaire, sept cent soixante-quinze mille liv. Total des deux contributions, quatre millions trois cent trente-trois mille six cents livres, ci..........	3,558,600	775,000	4,333,600
60. Paris. Contribution foncière, douze millions cinq cent soixante-onze mille quatre cents livres. Contribution mobiliaire, huit millions cent cinquante-huit			

P 4

NOMS des DÉPARTEMENS.	Contribution foncière.	Contribution mobiliaire.	TOTAL des deux contributions.
mille deux cents livres. Total des deux con- tributions, vingt mil- lions sept cent vingt- neuf mille six cents livres, ci	12,571,400	8,158,200	20,729,600
61. *Pas-de-Calais.* Contribution fon- cière, trois millions trois cent vingt - six mille cinq cents livres. Contribution mobi- liaire, cinq cent neuf mille cinq cents livres. Total des deux con- tributions, trois mil- lions huit cent trente- six mille livres, ci ...	3,326,500	509,500	3,836,000
62. *Puy-de-Dôme.* Contribution fon- cière, trois millions sept cent quatre-vingt- neuf mille deux cents livres. Contribution mobi- liaire, huit cent qua- rante-neuf mille cent livres. Total des deux con- tributions, quatre mil- lions six cent trente- huit mille trois cents livres, ci	3,789,200	849,100	4,638,300

NOMS des DÉPARTEMENS.	Contribution foncière.	Contribution mobiliaire.	TOTAL des deux contributions.
63. Hautes-Pyrénées. Contribution fon-cière , sept cent cin-quante - deux mille cent livres. Contribution mobi-liaire , cent trente-cinq mille quatre cents livres. Total des deux con-tributions , huit cent quatre-vingt sept mille cinq cents livres , ci·	752,100	135,400	887,500
64. Basses - Pyré-nées. Contribution fo-cière , un million treize mille huit cents livres. Contribution mobi-liaire , cent quatre-vingt-dix-neuf mille huit cents livres. Total des deux con-tributions , un million deux cent treize mille six cents livres, ci··	1,013,800	199,800	1,213,600
65 Pyrénées-Orien tales. Contribution foncière, huit cent quatre - vingt - trois mille livres. Contribution mo-biliaire , cent cin-			

NOMS ces DÉPARTEMENS.	Contribution foncière.	Contribution mobiliaire.	TOTAL des deux contributions.
quante-neuf mille huit cents livres. Total des deux contributions, un million quarante-deux mille huit cents livres, ci·	883,000	159,800	1,042,800
66. *Haut-Rhin.* Contribution foncière, un million huit cent cinquante-cinq mille liv. Contribution mobiliaire, quatre cent cinq mille six cents l. Total des deux contributions, deux millions deux cent soixante mille six cents livres, ci··········	1,855,000	405,600	2,260,600
67. *Bas-Rhin.* Contribution foncière, deux millions trois cent soixante-neuf mille trois cents liv. Contribution mobiliaire, cinq cent trois mille livres. Total des deux contributions, deux millions huit cent soixante-douze mille trois cents livres, ci·····	2,369,300	503,000	2,872,300
68. *Rhône-&-Loire.*			

NOMS des DÉPARTEMENS.	Contribution foncière.	Contribution mobiliaire.	TOTAL des deux contributions.
Contribution foncière, six millions trois cent trente-trois mille livres. Contribution mobiliaire, un million neuf cent vingt-un mille cent livres. Total des deux contributions, huit millions deux cent cinquante-quatre mille cent livres, ci.....	6,333,000	1,921,100	8,254,100
69. Haute-Saône. Contribution foncière, un million sept cent soixante-cinq mille trois cents liv. Contribution mobiliaire, trois cent soixante-douze mille livres. Total des deux contributions, deux millions cent trente-sept mille trois cents l., ci.	1,765,300	372,000	2,137,300
70. Saône-&-Loire. Contribution foncière, trois millions six cent soixante-un mille neuf cents livres. Contribution mobiliaire, sept cent			

NOMS des DÉPARTEMENS.	Contribution foncière.	Contribution mobiliaire.	TOTAL des deux contributions.
cinquante - un mille deux cents livres. Total des deux contributions , quatre millions quatre cent treize mille cent liv. , ci	†† 3,661,900	†† 751,200	4,413,100
71. *Sarthe.* Contribution foncière , trois millions sept cent quatre - vingt seize mille cent livres. Contribution mobiliaire , huit cent cinquante - neuf mille deux cents livres. Total des deux contributions , quatre millions six cent cinquante - cinq mille trois cents livres ; ci.	3,796,100	859,200	4,655,300
72. *Seine - & - Oise.* Contribution fon - cière , sept millions trois cent quarante- deux mille quatre cents livres. Contribution mobiliaire , un million six cent onze mille neuf cents livres. Total des deux contributions, huit mil-			

NOMS des DÉPARTEMENS.	Contribution foncière.	Contribution mobiliaire.	TOTAL des deux contributions.
lions neuf cent cinquante - quatre mille trois cents livres, ci·	₶ 7,342,400	₶ 1,611,900	₶ 8,954,300
73. *Seine-Inférieure.* Contribution foncière, fept millions cinquante - fept mille quatre cents livres. Contribution mobiliaire, deux millions trois cent foixante-quatre mille trois cents livres. Total des deux contributions, neuf millions quatre cent vingt - un mille fept cents livres, ci·····	7,657,400	2,364,300	9,421,700
74. *Seine-& Marne.* Contribution foncière, cinq millions quatre cent cinquante mille huit cents livres. Contribution mobiliaire, un million deux cent mille deux cents livres. Total des deux contributions, fix millions fix cent cinquante-un mille livres, ci·····	5,450,800	1,200,200	6,651,000
75. *Deux - Sèvres.*			

NOMS des DÉPARTEMENS.	Contribution foncière.	Contribution mobiliaire.	TOTAL des deux contributions.
Contribution fon-cière, deux millions cinq cent quarante-six mille cinq cents livres. Contribution mo-biliaire, cinq cent cinquante-cinq mille cent livres. Total des deux con-tributions, trois mil-lions cent un mille six cents livres, ci · · · · ·	2,546,500	555,100	3,101,600
76. *Somme.* Contri-bution foncière, cinq millions cinq cent quatre-vingt un mille six cents livres. Contribution mo-biliaire, un million cent quatre-vingt-six mille quatre cents liv. Total des deux con-tributions, six millions sept cent soixante-huit mille livres, ci-	5,581,600	1,186,400	6,768,000
77. *Turn.* Contri-bution foncière, deux millions six cent vingt-un mille huit cents l. Contribution mo-biliaire, cinq cent quatre - vingt - neuf			

NOMS des DÉPARTEMENS.	Contribution foncière.	Contribution mobiliaire.	TOTAL des deux contributions.
mille trois cents livres. Total des deux contributions, trois millions deux cent onze mille cent livres, ci	tt 2,621,800	tt 589,300	tt 3,211,100
78. *Var.* Contribution foncière, un million sept cent quatre-vingt huit mille huit cents livres. Contribution mobiliaire, quatre cent huit mille sept cents livres. Total des deux contributions, deux millions cent quatre-vingt-dix-sept mille cinq cents livres, ci ·	1,788,800	408,700	2,197,500
79. *Vendée.* Contribution foncière, deux millions cinq cent soixante-douze mille neuf cents livres. Contribution mobiliaire, cinq cent soixante-cinq mille six cents livres. Total des deux contributions, trois millions cent trente-huit mille cinq cents liv., ci ··············	2,572,900	565,600	3,138,500

NOMS des DÉPARTEMENS.	Contribution fonciere.	Contribution mobiliaire.	TOTAL des deux contributions.
80. *Vienne.* Contribution foncière, un million sept cent dix-huit mille neuf cents livres. Contribution mobiliaire, trois cent trente-sept mille six cents livres. Total des deux contributions, deux millions cinquante-six mille cinq cents l., ci.	1,718,900	337,600	2,056,500
81. *Haute - Vienne.* Contribution foncière, un million huit cent dix mille cent l. Contribution mobiliaire, quatre cent dix-sept mille deux cents livres. Total des deux contributions, deux millions deux cent vingt-sept mille trois cents livres, ci ··········	1,810,100	417,200	2,227,300
82. *Vosges.* Contribution foncière, un million six cent trente-huit mille cent liv. Contribution mobiliaire, trois cent quinze mille neuf cents livres.			

Total

NOMS des DÉPARTEMENS.	Contribution foncière.	Contribution mobiliaire.	TOTAL des deux contributions.
Total des deux contributions, un million neuf cent cinquante-quatre mille livres, ci·	tt 1,638,100	tt 315,900	tt 1,954,000
83. *Yonne.* Contribution foncière, deux millions neuf cent cinquante mille quatre cents livres. Contribution mobiliaire, six cent vingt-cinq mille deux cents l. Total des deux contributions, trois millions cinq cent soixante-quinze mille six cents livres, ci·····	2,950,400	625,200	3,575,600
TOTAL du principal de la contribution foncière, deux cent quarante millions. TOTAL du principal de la contribution mobiliaire, soixante millions. TOTAL général des principaux des deux contributions foncière & mobiliaire, trois cent millions, ci····	tt 240,000,000	r. 60,000,000	tt 300,000,000

Nota. Le tableau est conforme à celui du 27 mai 1791.

X I X.

Les taxes de l'enregiftrement, du timbre, des patentes & des douanes, feront perçues en 1792, conformément aux différentes lois qui les ont établies & qui en ont réglé la perception.

X X.

La caiffe de l'extraordinaire verfera pendant l'année 1792, à la tréforerie nationale, la fomme de foixante millions, pour tenir lieu du revenu des domaines natio- naux, & celle de trente-cinq millions, pour tenir lieu de la contribution patriotique.

Mandons & ordonnons à tous les corps adminiftratifs & tribunaux, &c.

2103.

L O I

Concernant la nomination & le traitement des deux fubf- tituts du commiffaire du roi auprès du tribunal de caffation.

Donnée à Paris le 14 octobre 1791.

Louis, par la grace de Dieu, &c.

Décret du 21 feptembre 1791.

L'Affemblée Nationale décrète ce qui fuit:

Il fera nommé par le roi deux fubftituts du com- miffaire du roi auprès du tribunal de caffation.

Ces deux fubftituts auront les deux tiers du traitement fixé pour le commiffaire du roi auprès dudit tribunal.

Mandons & ordonnons à tous les corps adminiftratifs & tribunaux, &c.

2104.

L O I

Qui décerne à J. J. Rouffeau les honneurs dus aux grands hommes.

Donnée à Paris le 16 octobre 1791.

Louis, par la grace de Dieu, &c.

Décret du 27 août 1791.

L'Affemblée nationale décrète que J. J. Rouffeau eft digne des honneurs décernés aux grands hommes par la patrie reconnoiffante, & que les moyens d'exécution font renvoyés au comité de conftitution.

Mandons & ordonnons à tous les corps adminiftratifs & tribunaux, &c.

2105.

L O I.

Relative à la délivrance des reconnoiſſances définitives de liquidation des offices donnés en dons patriotiques.

Donnée à Paris le 16 octobre 1791.

Louis, par la grace de Dieu, &c.

Décret du 21 août 1791.

L'Aſſemblée nationale, après avoir entendu le rapport des comités central de liquidation & de judicature, décrète que le commiſſaire du roi, directeur général de la liquidation, eſt autoriſé à délivrer au ſieur Lecouteulx, tréſorier de la caiſſe de l'extraordinaire, &, en cette qualité, chargé des dons patriotiques, toutes reconnoiſſances définitives de chacun des offices liquidés par le décret de ce jour, & donnés ſans reſtriction, ou ſeulement des coupures à l'égard de ceux qui n'auront été donnés qu'en partie, ſur la ſimple quittance & décharge du ſieur Lecouteulx, à la charge par lui de rapporter un certificat de non-oppoſition ſur chaque titulaire, dans le cas où le titulaire ne rapporteroit pas lui-même ce certificat ; auquel cas le conſervateur des hypothèques ſera tenu de délivrer, ſans frais, au ſieur Lecouteulx, audit nom, tous certificats de non-oppoſition ou extraits d'oppoſition requis & néceſſaires.

Les titulaires qui auront fait réſerve expreſſe des frais de proviſion & autres acceſſoires, en recevront le rembourſement.

Mandons & ordonnons à tous les corps adminiſtratifs & tribunaux, &c.

2106.

L O I

Qui renvoie au pouvoir exécutif l'exécution des décrets qui ordonnent d'élever une statue & accordent les honneurs publics à la mémoire de J. J. Rousseau.

Donnée à Paris le 16 octobre 1791.

Louis, par la grace de Dieu, &c.

Décret du 21 septembre 1791.

L'Assemblée nationale, après avoir entendu le rapport du comité de constitution, renvoie au pouvoir exécutif l'exécution des décrets qui ordonnent d'élever une statue & accordent les honneurs publics à la mémoire de J. J. Rousseau.

- Décrète que, sur les estimations qui seront recueillies par le directoire du département de Paris, & sur la présentation des frais de ces monumens par le ministre de l'intérieur, les sommes nécessaires seront accordées par le Corps législatif.

- Mandons & ordonnons à tous les corps administratifs & tribunaux, &c.

2107.

L O I

Pour prier le Roi de faire préfent de fon portrait au Corps légiflatif.

Donnée à Paris le 16 octobre 1791.

Louis, par la grace de Dieu , &c.

Décret du 29 *feptembre* 1791.

L'Affemblée nationale décrète ce qui fuit :

Le Roi fera prié de faire don de fon portrait au Corps légiflatif, pour être placé dans le lieu de fes féances, & de s'y faire repréfenter au moment où venant d'accepter la conftitution , il montre au prince royal, fon fils, fon acceptation.

Mandons & ordonnons à tous les corps adminiftratifs & tribunaux , &c.

2108.

L O I

Portant que la bibliothèque de l'académie de Lyon con-
tinuera d'être ouverte au public, & qui maintient l'a-
cadémie dans le local de l'hôtel commun.

Donnée à Paris le 16 octobre 1791.

Louis, par la grace de Dieu, &c.

Décret du 26 *septembre* 1791.

L'Assemblée nationale décrète ce qui suit :

Jusqu'à l'organisation définitive de l'éducation nationale, la bibliothèque de l'académie de Lyon continuera
d'être ouverte au public, & l'académie est maintenue
dans le local de l'hôtel commun dont elle est actuellement en possession.

Mandons & ordonnons à tous les corps administratifs & tribunaux, &c.

Q 4

2109.

L O I

Qui proroge les fonctions des commissaires chargés de surveiller la fabrication du papier des assignats.

Donnée à Paris le 16 octobre 1791.

Louis, par la grace de Dieu, &c.

Décret du 24 septembre 1791.

L'Assemblée nationale décrète ce qui suit :

MM. Latyl, Papin, Ménager, Berthereau & Leclerc, membres de l'Assemblée, & commissaires aux assignats, sont invités & autorisés à continuer leurs fonctions, soit aux manufactures de Courtalin & du Marais, soit à l'imprimerie de M. Didot, jusqu'à ce que la première législature y ait pourvu, & les ait remplacés par quelques-uns de ses membres.

Mandons & ordonnons à tous les corps administratifs & tribunaux, &c.

2110.

L O I

Relative au transport des effets d'habillement, équipement, campement, & autres du ressort du département de la guerre, & qui déclare résilié le bail fait à ce sujet au sieur Baudouin.

Donnée à Paris le 16 octobre 1791.

Louis, par la grace de Dieu, &c.

Décret du 24 septembre 1791.

L'Assemblée nationale décrète que les marchés passés par le conseil de la guerre, le 2 mai 1789, au sieur Guillaume-Augustin Baudouin, pour l'entreprise des transports des effets d'habillement, d'équipement, de campement, & autres du ressort du département de la guerre, pour celle des transports des effets & munitions d'artillerie, seront & demeureront résiliés, à compter du premier janvier prochain.

Renvoie au pouvoir exécutif pour déterminer le parti le plus avantageux à prendre pour cette partie de l'administration militaire, & la mettre, suivant qu'il jugera convenable, en régie ou en entreprise.

Décrète que, soit qu'il y ait une régie, soit qu'il y ait des entrepreneurs, les règlemens de la régie ou les clauses de l'entreprise seront communiqués au Corps législatif & imprimés;

Que si les transports sont donnés en entreprise, ils le seront par adjudication publique & au rabais, sans que jamais & dans aucun cas les entrepreneurs puissent réclamer d'indemnité, ni être reçus à compter de clerc, à maître.

Renvoie au pouvoir exécutif les réclamations des commissaires généraux, chargés des transports militaires avant le sieur Baudouin, pour y être statué ainsi qu'il appartiendra.

Mandons & ordonnons à tous les corps administratifs & tribunaux, &c.

2 I I I.

L O I

Qui ordonne la formation d'une cour martiale pour juger la réclamation de Jacques-Henri Moreton.

Donnée à Paris le 16 octobre 1791.

Louis, par la grace de Dieu, &c.

Décret du 24 août 1791.

L'Assemblée nationale, ouï son comité militaire sur la dernière pétition de Jacques-Henri Moreton, décrète que le roi sera prié de donner des ordres pour que le décret du 5 août 1790 soit pleinement exécuté, & pour qu'en conséquence il soit formé une cour martiale, laquelle prendra connoissance des faits dont il s'agit, & qu'à cet effet il soit enjoint au commissaire-auditeur auprès de ladite cour martiale d'employer comme dénonciation les mémoires des officiers du cinquante-deuxième régiment contre ledit Moreton.

Mandons & ordonnons à tous les corps administratifs & tribunaux, &c.

2112.

L O I

Relative aux ci-devant titulaires d'offices de judicature ou de finance, & aux propriétaires de parties hérédi-taires sur les tailles.

Donnée à Paris le 16 octobre 1791.

Louis, par la grace de Dieu, &c.

Décret du 21 septembre 1791.

L'Assemblée nationale, étant informée que, depuis l'entière confection des états des finances de 1790, plusieurs ci-devant titulaires d'offices se sont présentés pour réclamer le paiement de diverses années de gages, dont le fonds a été porté au trésor public, comme non réclamé, faute par lesdits titulaires de les avoir réclamés à temps ; que d'autres avoient négligé de se faire employer dans les états des finances depuis l'époque à laquelle ils avoient été pourvus de leurs offices ;

Qu'enfin des propriétaires des parties héréditaires sur les tailles se présentent journellement pour obtenir le remplacement dans l'état qui s'arrêtoit ci-devant par chaque année, des arrérages dont ils avoient pareillement négligé de réclamer le paiement ;

Ouï le rapport du comité central de liquidation, a décrété & décrète ce qui suit :

ARTICLE PREMIER.

Les ci-devant titulaires d'offices de judicature ou de

finance auxquels il eſt dû des portions de leurs anciens gages, dont le fonds auroit été verſé au tréſor public, faute par eux d'en avoir réclamé à temps le paiement, ſeront employés dans les états de ſupplément qui ſeront dreſſés & arrêtés en la même forme que l'ont été les états des finances de 1790, & dont le paiement ſera décrété par l'Aſſemblée nationale, ſur le rapport de ſon comité central de liquidation.

I I.

Il en ſera uſé de même à l'égard de ceux des ci-devant titulaires qui auroient négligé de ſe faire employer dans les états des finances depuis l'époque de l'acquiſition de leurs offices, en juſtifiant par eux de leurs droits en la forme ordinaire, ſans toutefois que le défaut d'enregiſtrement de leurs proviſions aux chambres des comptes & aux bureaux des finances puiſſe leur être oppoſé.

I I I.

Il ſera pareillement dreſſé des états de ſupplément à celui qui a été formé en exécution du décret de l'Aſſemblée nationale, du 25 avril 1791, des remplacemens qui ſe trouveront dus à des propriétaires de parties héréditaires ſur les tailles, dont le paiement a été reporté, depuis le premier janvier 1785, à l'hôtel-de-ville de Paris.

I V.

Le paiement des ſommes portées auxdits états, après qu'il aura été décrété à l'Aſſemblée nationale, ſera exécuté, ſavoir pour les gages d'offices, par la caiſſe de l'extraordinaire, & pour les parties héréditaires, par les payeurs des rentes de l'hôtel-de-ville de Paris, en la même forme que par le paſſé.

V.

Les arrérages de rente, augmentations de gages & locations, qui appartenoient collectivement aux corps & compagnies supprimés, seront payés comme par le passé aux syndics ou ayant droit desdits corps & compagnies, jusques & compris les arrérages échus le 31 décembre 1790.

Mandons & ordonnons à tous les corps administratifs & tribunaux, &c.

2113.

L O I

Portant qu'il sera remis à M. Páris une somme de huit mille livres, à titre de présent, & trois cents livres de gratification à M. Février.

Donnée à Paris le 16 octobre 1791.

Louis, par la grace de Dieu, &c.

Décret du 30 septembre 1791.

L'Assemblée nationale, sur le compte qui lui a été rendu des services de M. Pâris, architecte, qui a dirigé tous les travaux relatifs au local occupé par l'Assemblée & ses comités, tant à Versailles qu'à Paris, & qui n'a voulu recevoir aucun des droits à lui dus pour cet objet, lesquels auroient monté à plus de trente mille livres; des travaux de MM. Vaquier & Février, inspecteur & sous-inspecteur employés à la conduite des entrepreneurs, & aux réglemens de leurs mémoires,

ainſi qu'à la conſervation du mobilier étant dans les
lieux occupés par l'Aſſemblée & par ſes comités ; déclare la ſatisfaction qu'elle a du déſintéreſſement de
M. Pâris, de ſes ſervices & de ſon zèle, ainſi que de
ceux de MM. Vacquier & Février, & décrète qu'il
ſera remis à M. Pâris une ſomme de huit mille livres
à titre de préſent, & trois cents livres de gratification
à M. Février.

Mandons & ordonnons à tous les corps adminiſtratifs & tribunaux , &c.

2114.

L O I

Relative au paiement de diverſes penſions.

Donnée à Paris le 16 octobre 1791.

Louis, par la grace de Dieu, &c.

Décret du 28 ſeptembre 1791.

L'Aſſemblée nationale, ouï le rapport de ſon comité des penſions, décrète ce qui ſuit :

ARTICLE PREMIER.

Il ne ſera pas expédié de brevets pour les ſecours
accordés en remplacement de penſions ſupprimées, ſur
les deux millions à ce deſtinés par le décret du 3 août
1790 ; mais ils ſeront payés d'après les états annexés aux
décrets de l'Aſſemblée, ſur les quittances & certificats
de vie préſentés par les parties prenantes, dans les
formes preſcrites par les décrets de l'Aſſemblée. Lors
de la demande du premier paiement, il ſera préſenté

un certificat du commiſſaire du roi, directeur de la liquidation, portant que le brevet original lui a été remis & qu'il a été annullé.

I I.

Les héritiers des perſonnes qui ſeroient mortes avant que leur nouveau brevet de penſion leur eût été expédié, feront pareillement payés à raiſon des portions de temps dues à leurs auteurs, ſur les actes annexés au décret, en juſtifiant de leurs qualités & de la remiſe de l'ancien brevet entre les mains du commiſſaire du roi, directeur de la liquidation.

I I I.

Les veuves des employés dans les fermes & autres adminiſtrations publiques ſupprimées, ne pourront obtenir de penſion qu'aux termes du décret du 18 août dernier, ſur les penſions dues aux veuves des fonctionnaires publics.

I V.

Les ſecours accordés par le décret du 21 août dernier aux ci-devant employés pour le ſervice divin dans les égliſes des chapitres ſéculiers & réguliers, ſeront liquidés par les directoires de département ſur l'avis des directoires de diſtrict, & payés dans la même forme que les traitemens des religieux & des titulaires eccléſiaſtiques. Les états deſdits ſecours & des perſonnes qui doivent les recevoir étant définitivement arrêtés, ſeront envoyés au miniſtre de l'intérieur, à l'effet de faire parvenir les fonds néceſſaires dans chaque département.

V.

Les penſions accordées par les adminiſtrations des ci-

devant pays d'états, demeurent fupprimées ; & néanmoins ceux qui jouiffoient defdites penfions, foit pour
récompenfes militaires, foit à titre d'employés près
defdites adminiftrations, foit à titre de fecours, perce-
vront les fecours provifoires accordés par le décret du
2 juillet dernier, jufqu'à ce qu'il ait été ftatué définitivement fur lefdites penfions ; à l'effet de quoi ils feront paffer leur mémoire au directeur général de la liquidation.

Mandons & ordonnons à tous les corps adminiftratifs
& tribunaux, &c.

2115.

L O I

Qui renvoie à la prochaine légiflature le règlement des
dépenfes réfultantes de la tranfmiffion faite au com-
miffaire du roi, adminiftrateur de la caiffe de l'ex-
traordinaire, d'une partie des fonctions ci-devant at-
tribuées au comité d'aliénation, & qui lui accorde vingt
mille livres pour fournir provifoirement auxdites dé-
penfes.

Donnée à Paris le 16 octobre 1791.

Louis, par la grace de Dieu, &c.

　Décret du 30 *feptembre* 1791.

L'Affemblée nationale, ouï le rapport de fon comité d'aliénation, renvoie à la prochaine légiflature le
règlement définitif des dépenfes qui réfultent de la tranfmiffion faite au commiffaire du roi, adminiftrateur de
la

la caiffe de l'extraordinaire, d'une partie des fonctions ci-devant remplies par ce comité, & cependant décrète qu'il fera remis entre les mains dudit adminiftrateur une fomme de vingt mille livres pour fournir provifoirement auxdites dépenfes, & à la charge par lui d'en rendre compte.

Mandons & ordonnons à tous les corps adminiftratifs & tribunaux, &c.

2116.

L O I

Portant fuppreffion des ingénieurs-géographes militaires, créés en 1777.

Donnée à Paris le 16 octobre 1791.

Louis, par la grace de Dieu, &c.

Décret du 17 août 1791.

L'Affemblée nationale, délibérant fur la propofition du miniftre de la guerre, après avoir entendu le rapport de fon comité militaire, décrète ce qui fuit:

ARTICLE PREMIER.

Le corps des ingénieurs-géographes militaires, créé par l'ordonnance du Roi, du 26 février 1777, eft & demeurera fupprimé, à dater de l'époque de la publication du préfent décret.

Collec. des lois. Tome XIV.   R

I I.

· Ceux des ingénieurs-géographes militaires qui feront réformés, recevront des penfions de retraite qui feront réglées d'après les appointemens dont ils jouiffent, & de la manière qui a été réglée pour les officiers des états-majors des places, par les articles VI, VII & VIII du titre II de la loi du 10 juillet 1791.

I I I.

Les ingénieurs-géographes militaires actuellement en activité, qui ne feront pas réformés, auront le choix de prendre leur retraite, conformément à la loi du 3 août 1790, ou de rentrer dans la ligne en profitant des différentes formes indiquées pour les remplacemens.

I V.

Il fera tenu compte aux ingénieurs-géographes militaires de tout le fervice qu'ils auront fait en cette qualité avant d'être brevetés ; ce temps défigné communément fous le nom de *furnumérariat*, leur fera compté pour toutes les récompenfes militaires qui s'accordent à l'ancienneté du fervice.

Mandons & ordonnons à tous les corps administratifs & tribunaux, &c.

2117.

L O I

Relative aux plans des territoires dans les départemens.

Donnée à Paris le 16 octobre 1791.

Louis , par la grace de Dieu, &c.

Décret du 21 *août* 1791.

L'Assemblée nationale décrète que les directoires de département , fur l'avis de ceux de diftrict , pourront ordonner la levée du plan du territoire & l'évaluation du revenu d'une communauté, lorfque cette demande aura été faite par le confeil général de la commune , même avant qu'il foit formé aucune demande en réduction.

Mandons & ordonnons à tous les corps adminiftratifs & tribunaux , &c.

R 2

2118.

L O I

Relative aux rentes conftituées fur le clergé, fous le nom des fyndics des diocèfes.

Donnée à Paris le 16 octobre 1791.

Louis, par la grace de Dieu, &c.

Décret du 21 *août* 1791.

L'Affemblée nationale décrète ce qui fuit :

A R T I C L E P R E M I E R.

Les rentes conftituées fur le clergé, fous le nom des fyndics des diocèfes, même dont les capitaux feront prouvés appartenir, foit à des particuliers, foit à des écoles, colléges, fabriques, hôpitaux & pauvres des paroiffes, continueront de faire partie de la dette de l'État.

I I.

Pour les conftater, les contrats paffés fous le nom defdits fyndics, feront repréfentés au directoire des diftricts refpectifs où ils réfidoient, lefquels vérifieront quels font les propriétaires defdits capitaux, tant fur les regiftres qu'ont dû tenir les fyndics, que fur les documens & reconnoiffances qui doivent être aux mains des parties intéreffées.

I I I.

Les directoires de diftrict remettront le procès-verbal

détaillé de leurs opérations au directoire de département, qui, après l'avoir examiné, le fera paſſer au directeur général de la liquidation.

I V.

Le directeur général le vérifiera à ſon tour, & ſur le rapport du comité central de liquidation, il ſera, par le Corps légiſlatif, ſtatué ce qu'il appartiendra.

V.

Les capitaux qui ſeront reconnus être de la nature de ceux exprimés dans l'article premier, ſeront conſtitués en contrats ſéparés & individuels au profit des véritables propriétaires, ou bien ils ſeront réunis par eux à d'autres capitaux de rente ſur l'État, s'ils en ont, en rempliſſant les formes preſcrites pour les reconſtitutions.

Dans le premier cas, ils ne paieront qu'un droit d'enregiſtrement de vingt ſous.

V I.

Néanmoins, ſi leſdits capitaux ne s'élevoient pas à la ſomme de cinq cents livres, & que les propriétaires ne puſſent pas les réunir à d'autres capitaux de rentes pour les reconſtituer, leſdits capitaux ſeront rembourſés.

Mandons & ordonnons à tous les corps adminiſtratifs & tribunaux, &c.

2119.

L O I

Relative aux rentes constituées au profit de religieux &
religieuses , ou acquises avec le produit de leur
pécule.

Donnée à Paris le 16 octobre 1791.

Louis , par la grace de Dieu, &c.

Décret du 24 août 1791.

L'Assemblée nationale , ouï le rapport de son comité
central de liquidation , décrète que les rentes viagères
qui auroient été constituées au profit de religieux & religieuses, indépendamment de la dot fournie à leur
monastère, & celles qui seront justifiées, dans les formes
prescrites par l'Assemblée, avoir été acquises de leur
pécule , seront liquidées à leur profit & en leur nom
personnel, pour continuer par lesdits religieux & religieuses à en jouir leur vie durant.

Mandons & ordonnons à tous les corps administratifs & tribunaux , &c.

2120.

L O I

Relative aux marques distinctives des ordres supprimés.

Donnée à Paris le 16 octobre 1791.

Louis, par la grace de Dieu, &c.

Décret du 13 septembre 1791.

L'Assemblée nationale décrète qu'aucun Français ne pourra continuer de porter les marques distinctives des ordres supprimés, à l'exception du Roi & du prince royal, qui seuls pourront conserver, comme distinction personnelle, les décorations dont ils sont revêtus. A l'égard des décorations militaires réservées par la loi du 30 juillet dernier, elles ne sont point comprises dans le présent décret.

Mandons & ordonnons à tous les corps administratifs & tribunaux, &c.

Loi *du 16 Octobre 1791.*

2121.

LOI

Relative aux déclarations de command ou élections d'ami.

Donnée à Paris le 16 octobre 1791.

Louis, par la grace de Dieu, &c.

Décret du 13 septembre 1791.

L'Assemblée nationale, après avoir entendu le rapport de son comité d'aliénation des biens nationaux, décrète ce qui suit :

Le délai pour faire & accepter les déclarations de command ou élections d'ami, demeure fixé dans tout le Royaume, pour toute espèce de biens & pour tous effets, à six mois, à compter de la date des ventes ou adjudications contenant les réserves en vertu desquelles elles auront été faites.

En conséquence, toute personne au profit de laquelle aura été faite, & qui aura accepté dans les six mois d'une adjudication de biens nationaux, en vertu des réserves & aux mêmes conditions qui y seront stipulées, une déclaration de command ou élection d'ami, portant sur tous les biens compris dans ladite adjudication, sera de plein droit subrogée à l'acquéreur qui aura fait cette déclaration ou élection d'ami, & ne pourra, en payant à la Nation le prix desdits biens, être recherchée ni poursuivie, soit hypothécairement, soit autrement, par qui que ce soit, du chef dudit acquéreur.

Mandons & ordonnons à tous les corps administratifs & tribunaux, &c.

2122.

L O I

Relative aux baux emphytéotiques.

Donnée à Paris, le 16 octobre 1791.

Louis, par la grace de Dieu, &c.

Décret du 15 *septembre* 1791.

L'Affemblée nationale décrète ce qui fuit :

SECTION PREMIÈRE.

Des fonds patrimoniaux des particuliers, aliénés à bail emphytéotique ou à rente non perpétuelle.

ARTICLE PREMIÉR.

Il fera libre, foit au preneur, poffeffeur actuel du fonds à titre de bail emphytéotique ou à rente non perpétuelle, foit au bailleur propriétaire de la rente & ayant droit à la propriété réverfible, de racheter les droits ci-devant feigneuriaux, fixes ou cafuels, dont ledit fonds fe trouvera chargé & dont lefdits bailleur & preneur font refpectivement tenus, en fe conformant par chacun d'eux aux règles ci-après.

I I.

Le preneur, poffeffeur actuel du fonds, qui voudra ne racheter que les droits dont il peut être tenu pendant fa jouiffance, fera tenu de faire le rachat des droits fixes & annuels, eu égard à leur valeur totale & perpétuelle, d'après le mode & les taux preferits par le décret du 3 mai 1790; & au moyen dudit rachat, il demeurera fubrogé aux droits du ci-devant feigneur, quant à la propriété de ladite rente feulement, dont il pourra fe faire payer après l'expiration du bail, par le bailleur qui fera rentré dans fon fonds, fi mieux n'aime celui-ci rembourfer au premier la fomme qui lui aura été payée pour ledit rachat.

Quant aux droits cafuels dont le preneur peut être tenu pendant fa jouiffance, pour en liquider le rachat, 1°. il fera fait une évaluation du prix auquel le fonds pourroit être vendu, déduction faite de la rente ou canon emphytéotique, eu égard au nombre des années de jouiffance qui refteront à courir. 2°. Le rachat defdits droits cafuels fera enfuite fixé d'après ledit capital, conformément au mode & aux taux preferits par le décret du 3 mai 1790. 3°. Au moyen dudit rachat, le ci-devant feigneur, pendant la durée du bail, ne pourra plus jouir des droits cafuels que vis-à-vis du bailleur, & en cas de vente ou autre mutation de la rente & du droit à la propriété réverfible, dans les pays & les cas où ladite vente & lefdites mutations donnent ouverture à un droit. 4°. Après l'expiration du bail, le propriétaire qui fera rentré dans fon fonds demeurera chargé de la totalité des droits cafuels, en cas de mutation, jufqu'au rachat d'iceux.

I I I.

Le preneur, poffeffeur actuel du fonds, pourra néanmoins, s'il le juge à propos, racheter les droits cafuels, eu égard à leur valeur entière & perpétuelle; auquel cas il fera tenu de les racheter fur le pied de la valeur totale du fonds, fans déduction de la rente

annuelle portée au bail emphytéotique ou de la rente
non perpétuelle : audit cas , le preneur fera & demeurera fubrogé au droit du ci-devant feigneur, pour exercer
lefdits droits cafuels contre le bailleur ; favoir, pendant
la durée du bail, en cas de vente ou mutation de la
rente , dans les pays & les cas dans lefquels cette vente
ou mutation donne ouverture auxdits droits ; & après
l'expiration du bail, en cas de vente ou mutation du
fonds , conformément à la coutume ou aux titres particuliers , & ce jufqu'au rachat que le bailleur en pourra
faire, ainfi qu'il fera dit ci-après.

I V.

Si le bailleur, propriétaire de la rente & du droit
de la propriété réverfible , fe préfente au rachat avant
que le preneur ait fait les rachats qui lui font permis
par les articles II & III ci-deffus, le bailleur fera tenu
de racheter tant les droits fixes , que les droits cafuels
en totalité & de la même manière que s'il étoit rentré
dans la pleine propriété , conformément au mode &
aux taux prefcrits par le décret du 3 mai 1790 ; &
en ce faifant il fera fubrogé au droit du ci-devant feigneur, foit quant aux droits fixes , foit quant aux droits
cafuels, pour les exercer contre le preneur pendant la
durée du bail feulement, dans les mêmes cas & de
la manière que le ci-devant feigneur auroit pu les
exercer contre ledit preneur.

V.

Si le bailleur, propriétaire de la rente & du droit
de propriété réverfible, ne fe préfente au rachat qu'a-
près que le preneur aura lui-même ufé de la faculté
qui lui eft accordée par l'article II ci-deffus, audit cas
le bailleur ne fera tenu de racheter du ci-devant feigneur que les droits cafuels ; & fur l'eftimation qui

en fera faite conformément à l'article IV ci-deffus, il lui fera fait déduction de la fomme qui aura été payée par le preneur pour le rachat defdits droits cafuels relatifs à la durée de fa jouiffance.

A l'égard des droits fixes & annuels qui auront été rachetés par le preneur, aux termes de l'article II ci-deffus, le bailleur, après l'expiration du bail, & lorfqu'il fera rentré dans fa propriété, fera tenu d'en continuer la preftation audit preneur, fi mieux il n'aime rembourfer la fomme qui aura été payée par le preneur pour le rachat defdits droits fixes & annuels feulement.

V I.

Si le bailleur, propriétaire de la rente & du droit de propriété réverfible, fe préfente au rachat après que le preneur aura racheté la totalité des droits fixes & cafuels, en vertu de la faculté qui lui en eft accordée par l'article III ci-deffus; audit cas, le bailleur fera tenu de rembourfer au preneur la fomme qui aura été par lui payée pour le rachat des droits cafuels, à la déduction de celle qui fe trouvera être à la charge du preneur, conformément à ce qui eft prefcrit par l'article II ci-deffus; & après l'expiration du bail, le bailleur fera tenu de continuer au preneur la preftation des redevances fixes & annuelles que celui-ci aura rembourfées, fi mieux il n'aime alors rembourfer la fomme qui aura été payée par le preneur pour le rachat defdits droits.

V I I.

Si le preneur, poffeffeur actuel du fonds, ne fe préfente au rachat qu'après que le bailleur aura racheté tous les droits fixes & cafuels, en vertu de la faculté qui lui en eft accordée par l'article IV ci-deffus; audit cas, le preneur ne fera tenu d'en rembourfer au bailleur que les droits casuels dont il est personnellement tenu pendant la durée du bail ; & l'évaluation desdits droits se fera conformément à ce qui est prescrit par la seconde partie de l'article II ci-dessus.

A l'égard des droits fixes annuels qui auront été rachetés par le bailleur, le montant annuel en sera ajouté à la rente portée au bail emphytéotique ou à rente, pour être payé par le preneur ou bailleur, en sus de ladite rente, pendant la durée de son bail.

V I I I.

Lorsque le preneur se trouvera subrogé au droit du ci-devant seigneur, quant aux redevances fixes & annuelles seulement, aux termes & dans les cas prévus par les articles II & VI ci-dessus, lesdites redevances ne pourront emporter aucun droit casuel, & ne formeront qu'une simple rente foncière rachetable, ainsi qu'il est dit aux articles II & VI.

I X.

Le preneur qui aura remboursé la totalité des droits ci-devant seigneuriaux, tant fixes que casuels, en vertu de la faculté qui lui en est accordée par l'article II, sera tenu de le dénoncer au bailleur ; & réciproquement le bailleur sera tenu de faire la même dénonciation au preneur, lorsqu'il aura remboursé la totalité desdits droits, en exécution de l'article IV, à peine des dommages & intérêts s'il y a lieu.

Section II.

Des fonds nationaux, soit aliénés à titre de bail em-
phytéotique, ou à rente non perpétuelle, soit possédés
au même titre par la Nation, comme subrogée au lieu
& place des bénéfices, corps & communautés séculières
ou régulières.

Article premier.

Lorsque les ci-devant bénéficiers, corps ou communautés ecclésiastiques ou laïques, dont les biens & les
droits ont été déclarés nationaux, auront été donnés
en tout ou partie à des particuliers à titre de bail emphytéotique ou de bail à rente non perpétuelle, le
paiement des droits ci-devant seigneuriaux fixes ou casuels, & le rachat des droits seront faits d'après les
règles & les distinctions ci-après.

II.

Si lesdits fonds relevoient d'un ci-devant fief pa-
trimonial & non déclaré national, & si l'indemnité
en avoit été payée au ci-devant seigneur, ou étoit prescrite, le preneur, possesseur actuel du fonds, demeurera seul chargé, pendant la durée de son bail, du
paiement des redevances fixes & annuelles, ainsi que
des droits casuels dont il peut être tenu dans les pays
& les cas où les mutations de la part du preneur
donnent ouverture auxdits droits, sans préjudice de la
faculté qui lui est réservée de racheter lesdits droits
casuels seulement, conformément à l'article II de la
section première du présent décret.

Dans le cas où la Nation vendroit le droit à la rente

& à la propriété réversible, conformément au décret du 18 avril 1791, sanctionné le 27 des mêmes mois & an, elle ne sera tenue d'aucun rachat envers le ci-devant seigneur, qui ne pourra exercer pendant la durée du bail, que les droits dont il jouissoit vis-à-vis du preneur.

I I I.

Si l'indemnité due au ci-devant seigneur, à raison de l'acquisition faite par la main-morte, n'avoit été acquittée que par une rente annuelle ou par une prestation d'un droit de quint, lods, demi-lods, ou autre redevance payable tous les vingt, trente, quarante ans, ou autre révolution périodique ; audit cas, & lors de la vente seulement du droit à la rente & à la propriété réversible, la Nation sera tenue de racheter lesdits droits au ci-devant seigneur, & ledit rachat se fera conformément à ce qui est prescrit par les articles XI & XII du décret de ce jour.

I V.

Si lors de l'acquisition faite par la main-morte des fonds désignés aux articles précédens, il n'a été payé aucune indemnité au ci-devant seigneur, & si ladite indemnité n'est point prescrite, en cas de vente du droit à la rente & à la propriété réversible, la Nation demeurera chargée de racheter tant les droits fixes que les droits casuels dont le fonds peut être tenu, au taux & suivant le mode prescrits par le décret du 3 mai 1790. Au moyen dudit rachat, la Nation percevra à son profit, pendant la durée du bail, tant les droits fixes que les droits casuels qui pourroient être dus par le preneur, lequel sera tenu de continuer à la Nation, pendant la durée du bail, le paiement des droits casuels, dans les cas auxquels il en est tenu jusqu'au

rachat d'iceux, qu'il en pourra faire en la forme préf-
crite par l'article II du préfent décret.

V.

Dans le même cas prévu par l'article précédent,
jufqu'à ce que la Nation ait vendu le droit à la rente
& à la propriété réverfible, le preneur, poffeffeur du
fonds, demeurera feul chargé envers le ci-devant feï-
gneur de la preftation des droits fixes & des droits cafuels, dans les cas où il en eft tenu ; fauf le rachat
qu'il pourra faire defdits droits conformément à l'article
II de la première fection du préfent décret, & fauf
fon recours contre la Nation pour la preftation ou
pour le rembourfement des droits fixes feulement.

V I.

Si les fonds nationaux, ci-devant aliénés par bail
emphytéotique ou bail à rente non perpétuelle à des
particuliers, étoient ci-devant fous la mouvance d'un
ci-devant fief national ; audit cas, lors de la vente du
drcit à la rente & propriété réverfible, la Nation ne
fera chargée d'aucun rachat des ci-devant droits feigneuriaux ; & la Nation, pendant la durée du bail,
percevra fur le preneur, tant les droits fixes que les
droits cafuels feulement, ainfi qu'il eft dit en la
deuxième partie de l'article II de la première fection
du préfent décret.

V I I.

Si le fonds national, mouvant d'un autre fonds national, a été cédé à titre de bail emphytéotique ou à
rente non perpétuelle, à un des ci-devant bénéfices,
corps ou communautés eccléfiaftiques ou laïques dont
la

la vente des biens a été ordonnée, soit que l'indemnité ait été payée ou non, que les deux fonds soient situés ou non dans le même district ou le même département, le bail sera & demeurera résolu ; la pleine & entière propriété du fonds sera vendue libre de toutes charges quelconques, &, jusqu'à la vente, les revenus en seront administrés en la forme prescrite par le décret du 20 août ; il ne pourra être exercé aucune action d'un district sur l'autre à raison des arrérages de la rente échus pour le passé.

V I I I.

Il en sera de même, encore que le fonds soit possédé audit titre de bail emphytéotique ou bail à rente non perpétuelle, par l'un des corps ou communautés ecclésiastiques ou laïques qui ont été conservés provisoirement dans la jouissance de leurs biens ; lesdits fonds pourront être vendus, & après la vente il sera provisoirement payé au corps ou à la communauté qui possédoit le fonds, l'intérêt à quatre pour cent du prix de la vente, à la déduction du capital au même denier de la rente portée au bail. Jusqu'à la vente, le corps ou la communauté qui possédoit le fonds, paiera la rente annuelle portée au bail.

I X.

Si le fonds qui étoit possédé par un bénéficier ou par un corps ou communauté ecclésiastique ou laïque, audit titre de bail emphytéotique ou à rente non perpétuelle, appartenoit à un propriétaire particulier, mais étoit sous la mouvance d'un ci-devant fief national, en cas de vente du droit de jouissance temporaire résultant du bail, ladite vente sera faite purement

& fimplement, à la charge feulement par l'acquéreur de payer au bailleur la rente portée au bail pendant fa durée, & fans aucune charge des ci-devant droits feigneuriaux fixes & cafuels, defquels le bailleur fera feul tenu, après fa rentrée dans la propriété & jufqu'au rachat d'iceux.

X.

Si le fonds donné à titre de bail emphytéotique ou à rente non perpétuelle par un propriétaire particulier, à un bénéficier ou à un corps ou communauté eccléfiaftique ou laïque, étoit fous la mouvance d'un ci-devant fief non national, en cas de vente du droit de la jouiffance temporaire réfultant du bail, il fera feulement payé par la Nation, au ci-devant feigneur, un droit de vente *au prorata* du prix d'icelle ; fauf à ce ci-devant feigneur à exercer, foit vis-à-vis de l'acquéreur pendant la durée du bail, foit vis-à-vis du bailleur, les droits fixes & cafuels tels que de droit, jufqu'au rachat d'iceux.

Mandons & ordonnons à tous les corps adminiftra-tifs & tribunaux, &c.

2123.

L O I

Relative aux faisies faites à la requête des ci-devant corps & communautés d'arts & métiers.

Donnée à Paris le 16 octobre 1791.

Louis, par la grace de Dieu, &c.

Décret du 17 *septembre* 1791.

L'Assemblée nationale décrète,

A R T I C L E P R E M I E R.

Que les marchandises & effets faisis par les anciens gardes ou syndics des ci-devant corps & communautés d'arts & métiers, dont la confiscation n'aura pas été jugée, feront rendus aux particuliers qui justifieront y avoir droit, & cela dans un mois à compter de la publication du présent décret, passé lequel temps lesdits effets feront vendus avec ceux qui faisoient partie du mobilier des ci-devant corps & communautés.

I I.

Toutes instances qui auroient pu suivre la faisie desdits effets, font & demeurent éteintes, ainsi que tous procès entre les communautés pour l'exercice de leurs priviléges.

Mandons & ordonnons à tous les corps administratifs & tribunaux, &c.

S 2

2124.

L O I

Relative aux tanneurs & aux fabricans de cuirs.

Dònnée à Paris le 16 octobre 1791.

Louis , par la grace de Dieu , &c.

Décret du 20 septembre 1791.

Sur ce qui a été représenté à l'Aſſemblée nationale, que ſon décret du 26 novembre 1790 , qui autoriſe les tanneurs & autres fabricans de cuirs & peaux, qui avoient des cuirs & autres peaux en charge du premier avril 1790 , à en payer les droits de mois en mois , ou ſur le pied du nouveau tarif décrété par elle le 9 octobre 1790 , ou ſur celui de l'ancien tarif , n'avoit pu être appliqué qu'aux cuirs & peaux qui étoient encore en charge le 26 novembre 1790, & qui ont pu être peſés depuis cette époque; & qu'il s'étoit élevé des conteſtations entre les tanneurs & autres fabricans & les prépoſés de la régie , relativement aux cuirs débités depuis le premier avril 1790 , juſqu'au 26 novembre de la même année, leſquels n'ont pu être peſés ; conteſtations qui ont ſervi de prétexte à retarder les recouvremens ;

L'Aſſemblée nationale décrète que pour les cuirs & peaux qui étoient en charge au premier avril 1790 , & qui n'ont pu être peſés , chaque fabricant acquittera les droits ſur le pied du taux moyen de ceux qu'il a payés pour les cuirs & peaux de même nature dans l'année précédente ; & attendu que tous les délais qu'elle avoit accordés pour ledit paiement ſont expirés , l'Aſſemblée nationale décrète que leſdits paiemens qui auroient dû être effectués de mois en mois par douzième, à compter du premier juillet 1790, le feront par quart aux derniers feptembre, octobre, novembre & décembre prochains, fans que lefdits délais puiffent être prolongés.

Mandons & ordonnons à tous les corps adminiftratifs & tribunaux, &c.

2125.

L O I

Relative à la fuppreffion des lieutenances générales, lieutenances de roi & majorités.

Donnée à Paris le 16 octobre 1791.

Louis, par la grace de Dieu, &c.

Décret du 21 feptembre 1791.

L'Affemblée Nationale, ouï le rapport du comité central de liquidation, & vu le décret du 20 février dernier, qui fupprime les lieutenances générales, lieutenances de roi, majorités qui n'obligeoient point à réfidence, & dont on étoit pourvu foit par brevet, foit par provifions, décrète qu'il n'y a pas lieu à rembourfer les principaux defdits offices, mais que ceux qui les avoient acquis, ou leurs repréfentans, doivent continuer à être payés des rentes qui leur avoient été attribuées pour gages, lefdites rentes faifant partie de la dette conftituée de l'État, & ce, par les payeurs des rentes, & pour les fommes nettes pour lefquelles elles étoient employées dans les précédens états & paiemens.

Mandons & ordonnons à tous les corps adminiftratifs & tribunaux, &c.

2126.

L O I

Relative à la liquidation des dettes des communautés religieuses & des communautés d'arts & métiers.

Donnée à Paris le 16 octobre 1791.

Louis, par la grace de Dieu, &c.

Décret du 22 septembre 1791.

L'Assemblée Nationale, ouï le rapport de son comité central de liquidation, décrète ce qui suit :

ARTICLE PREMIER.

Les formalités prescrites pour la liquidation des dettes exigibles des communautés religieuses, par les articles II, VI, VII, VIII, IX du titre premier du décret des 8, 12 & 14 avril dernier, seront observées pour la liquidation des dettes exigibles & contractées conformément aux lois & règlemens concernant les corps & communautés d'arts & métiers, supprimés par le décret du 2 mars dernier.

I I.

Après la liquidation & sur la reconnoissance définitive qui en sera délivrée par le commissaire du roi, liquidateur général, les dettes exigibles des corps & communautés d'arts & métiers seront acquittées par la caisse de l'extraordinaire, avec les intérêts des sommes qui sont de nature à en produire.

I I I.

La liquidation des rentes perpétuelles & viagères, dues par les corps & communautés d'arts & métiers, se fera dans la forme réglée par les articles III & IV du titre II du décret desdits jours 8, 12 & 14 avril dernier, & les arrérages desdites rentes seront payés par les payeurs des rentes de l'Etat, à compter du jour qu'il sera justifié que lesdits corps & communautés ont cessé de les payer.

I V.

Il en sera usé de même pour la liquidation des dettes des corps & communautés supprimés par édit de février 1776 & autres subséquens, dont l'achevement a été renvoyé au commissaire du roi, par l'article V du décret du 2 mars dernier.

V.

Il sera rendu compte à la nation, à la diligence de l'agent du trésor public, de l'argent comptant, vente de meubles, effets, créances actives, prix d'immeubles, & généralement de tout ce qui appartenoit aux corps & communautés mentionnés au présent décret.

Mandons & ordonnons à tous les corps administratifs & tribunaux, &c.

S 4

2127.

L O I

Relative aux protestations faites contre la constitution.

Donnée à Paris le 16 octobre 1791.

Louis, par la grace de Dieu, &c.

Décret du 23 septembre 1791.

L'Assemblée Nationale décrète ce qui suit :

ARTICLE PREMIER.

Tous ceux qui ont signé ou signeroient quelque protestation ou autre acte quelconque, ayant pour objet de déclarer que la constitution decrétée par l'Assemblée nationale & acceptée par le roi, ne doit pas être regardée comme la loi du Royaume, obligatoire pour tous les Français, ne pourront être élus ou nommés à aucune place ou emploi civil ou militaire, ni à aucune autre place ou emploi auxquels on n'est admis qu'après la prestation du serment de maintenir la constitution, & ils seront déchus de tous ceux qu'ils pourroient occuper maintenant.

I I.

Tous ceux qui, pourvus de places ou emplois mentionnés en l'article précédent, ont signé de semblables protestations ou déclarations, seront tenus de les rétracter dans un mois, en prêtant le serment civique & celui attaché à la fonction qu'ils exercent ; faute de quoi ils en feront déchus , & aucun d'eux ne pourra être choifi ou nommé à quelque place ou emploi civil ou militaire quelconque, fans avoir prêté lefdits fermens.

I I I.

Le roi fera prié de donner des ordres à chacun de fes miniftres, de faire connoître dans fix femaines au Corps légiflatif fi la préfente loi a été mife à exécution , & s'il a été procédé au remplacement des fignataires defdites proteftations ou déclarations , qui auroient refufé de prêter lefdits fermens.

Mandons & ordonnons à tous les corps adminiftratifs & tribunaux , &c.

2128.

L O I

Relative aux ci-devant officiers des états - majors des places.

Donnée à Paris le 16 octobre 1791.

Louis , par la grace de Dieu , &c.

Décret du 23 feptembre 1791.

L'Affemblée Nationale décrète que , dans le cas où quelques-uns des ci-devant officiers des états-majors des places formeroient des demandes en indemnités , à raifon des réparations ou changemens qu'ils pourroient avoir faits dans les bâtimens , jardins ou autres terrains dont la jouiffance leur avoit été concédée à titre d'émolumens , ils feront tenus de s'adreffer au commiffaire du roi, chargé de la liquidation, lequel prendra l'avis des corps adminiftratifs. Nulle indemnité ne pourra être accordée aux pétitionnaires, qu'autant qu'il fera prouvé, 1º. que le gouvernement a autorifé les changemens ou réparations qu'ils ont faits ; 2º. qu'après qu'il aura été conftaté par les corps adminiftratifs & par les agens militaires prépofés à cet effet par le miniftre de la guerre, que les objets auxquels ont été faits lefdits changemens ou réparations, en ont reçu une amélioration réelle. Dans ce cas, fi les pétitionnaires n'ont pas été dédommagés de leurs frais par le temps de leur jouiffance, ils auront droit à une indemnité, laquelle pourra confifter dans une prolongation de jouiffance plus ou moins étendue, même à vie, des objets améliorés ; mais le commiffaire à la liquidation ne pourra propofer cette difpofition pour des objets compris dans le nombre des propriétés nationales confiées au département de la guerre, fans le confentement du miniftre de ce département.

Mandons & ordonnons à tous les corps adminiftratifs & tribunaux, &c.

2129.

L O I

Relative aux erreurs de noms dans les contrats ou dans les quittances. de finances.

Donnée à Paris le 16 octobre 1791.

Louis, par la grace de Dieu , &c.

Décret du 26 septembre 1791.

L'Assemblée Nationale décrète ce qui suit :

ARTICLE PREMIER.

Les erreurs de noms qui se seroient glissées dans les contrats de rente perpétuelle, pourront être rectifiées en vertu d'une délibération des commissaires de la tréforerie & sur leur responsabilité.

II.

Les erreurs de noms qui se seroient glissées dans les quittances de finances pour rentes viagères , ou dans les contrats desdites rentes , ne pourront être rectifiées qu'en vertu d'un décret du Corps légiflatif, rendu sur la proposition des commissaires de la tréforerie.

Mandons & ordonnons à tous les corps administratifs & tribunaux, &c.

2130.

L O I

Relative à la décoration militaire.

Donnée à Paris le 16 octobre 1791.

Louis , par la grace de Dieu , &c.

Décret du 26 septembre 1791.

L'Affemblée Nationale décrète 1º. qu'il ne fera plus exigé de ferment de ceux qui obtiendront la décoration militaire , & que les formes ufitées pour la conférer aux officiers à qui elle eft due , aux termes de la loi , font abolies.

2º. Que la décoration militaire , & les lettres en vertu defquelles un militaire fera autorifé à la porter , feront les mêmes pour tous les officiers, quelle que foit leur religion. Les lettres feront conçues dans la forme de celles annexées au préfent décret.

3º. Que les officiers qui ne font pas profeffion de la religion catholique, apoftolique & romaine, & qui auroient quitté le fervice , feront particulièrement fufceptibles de la décoration militaire , pourvu qu'ils aient fervi le nombre d'années fixé par la loi.

LA NATION, LA LOI ET LE ROI. *Lettres pour conférer la décoration mili-taire à*

Louis, *par la grace de Dieu & par la loi conſtitutionnelle de l'État*, Roi DES FRANÇAIS, CHEF SUPRÊME DE L'ARMÉE. *Ayant trouvé que par les ſervices que le ſieur*
a rendus à l'État, cet officier étoit digne d'obtenir la décoration militaire, Sa Majeſté *lui accorde cette marque honorable de ſes ſervices, & l'autoriſe en conſéquence à la porter.* DONNÉ *à le jour du mois d l'an de grace mil ſept cent quatre-* •*vingt-* *& de notre règne* *le*

PAR LE ROI.

Mandons & ordonnons à tous les corps adminiſtratifs & tribunaux, que ces préſentes ils faſſent conſigner dans leurs regiſtres, lire, publier & afficher dans leurs dépar-temens & reſſorts reſpectifs, & exécuter comme loi du Royaume. Mandons & ordonnons pareillement à tous les officiers généraux & autres qui commandent les troupes de ligne dans les différens départemens du Royaume, comme auſſi à tous les officiers, ſous-officiers & gendarmes de la gendarmerie nationale, & à tous autres qu'il appartiendra, de ſe conformer ponctuellement à ces préſentes.

2131.

LOI

Relative aux biens provenant des fondations.

Donnée à Paris le 16 octobre 1791.

Louis , par la grace de Dieu , &c.

Décret du 26 septembre 1791.

L'Assemblée Nationale décrète ce qui suit :

ARTICLE PREMIER.

Les biens dépendant des fondations faites en faveur d'ordres , de corps & de corporations qui n'existent plus dans la constitution française , soit que lesdites fondations eussent pour objet lesdits ordres , corps , corporations en commun , ou les individus qui pouvoient en faire partie , considérés comme membres desdits ordres , corps & corporations , font partie des biens nationaux , & sont , comme tels , à la disposition de la nation.

II.

Les biens dépendant desdites fondations feront en conséquence administrés & vendus comme les autres biens nationaux , nonobstant toute clause , même de réversion , qui seroit portée aux actes de fondation.

III.

L'Assemblée réserve à la législature d'établir les règles

d'après lefquelles il fera ftatué fur les demandes particulières qui pourroient être formées en conféquence des
claufes écrites dans les actes de fondation.

I V.

Et néanmoins les individus qui jouiroient de quelque
partie defdites fondations, uniquement à titre de fecours
pour fubvenir à leurs befoins, continueront d'en jouir
perfonnellement, aux termes defdites fondations. Les
fondations faites dans les paroiffes feront au furplus
exécutées en conformité des précédens décrets.

Mandons & ordonnons à tous les corps adminiftratifs
& tribunaux, &c.

2132.

LOI PÉNALE

*Relative aux affemblées primaires, électorales, muni-
cipales, de diftrict ou de département.*

Donnée à Paris le 16 octobre 1791.

Louis, par la grace de Dieu, &c.

Décret des 26 & 28 feptembre 1791.

L'Affemblée Nationale décrète ce qui fuit :

ARTICLE PREMIER.

Si des confeils ou des directoires de diftrict ou de
département donnent fuite à des actes annullés, foit par
l'adminiftration de département, foit par le roi, celui

qui aura préfidé la délibération ou le procureur-fyndic qui en aura requis ou ordonné l'exécution, encourront la peine de la dégradation civique.

I I.

La même peine fera prononcée contre celui qui aura préfidé une affemblée d'officiers municipaux, & contre le procureur de la commune qui aura donné fuite à des actes déclarés nuls.

I I I.

Si une affemblée électorale fe permet de prendre des délibérations fur des objets étrangers aux élections ou à fa police intérieure, ceux qui auront préfidé la délibération ou fait fonctions de fecrétaires feront punis de la même peine.

I V.

Les mêmes peines auront lieu contre les mêmes perfonnes, lorfque les affemblées primaires, les affemblées de commune, par communauté entière ou par fection, ou les affemblées municipales, auront commis les mêmes délits.

Mandons & ordonnons à tous les corps adminiftratifs & tribunaux, &c.

2133.

LOI

Relative au bureau de consultation des arts & métiers.

Donnée à Paris le 16 octobre 1791.

Louis, par la grace de Dieu, &c.

Décret du 27 *septembre* 1791.

Article premier du titre II, sur les récompenses nationales pour les artistes.

L'Assemblée Nationale décrète ce qui suit:

ARTICLE PREMIER.

Pour cette année seulement, le bureau de consultation des arts & métiers sera composé d'une section de quinze membres de l'académie des sciences, au choix de cette société, & de pareil nombre d'hommes instruits dans les différens genres d'industrie, & choisis dans les différentes autres sociétés savantes par le ministre de l'intérieur.

II.

Les fonctions des membres de ce bureau, indiquée dans le titre précédent, seront absolument gratuites; mais le ministre de l'intérieur demeure autorisé à y employer le nombre de commis nécessaires, dont il présentera incessamment l'état à l'Assemblée nationale; & les frais, ainsi que ceux de bureau, seront acquittés au

Collec. des Lois. Tome XIV.   T

moyen d'une retenue d'un fou pour livre fur les récompenses nationales.

Mandons & ordonnons à tous les corps adminiftratifs & tribunaux, &c.

2134.

L O I

Portant défenfes à tout citoyen français de prendre, dans aucun aĉte, les titres & qualifications fupprimés par la conftitution.

Donnée à Paris le 16 octobre 1791.

[Louis, par la grace de Dieu, &c.

Décret du 27 feptembre 1791.

L'Affemblée Nationale, ayant pour devoir d'affurer l'exécution des principes conftitutionnels, décrète ce qui fuit:

A R T I C L E   P R E M I E R.

Tout citoyen français qui, à compter du jour de la publication du préfent décret, inféreroit dans fes quittances, obligations, promeffes, & généralement dans tous fes aĉtes quelconques, quelques-unes des qualifications fupprimées par la conftitution, ou quelques-uns des titres ci-devant attribués à des fonĉtions qui n'exiftent plus, fera condamné par corps à une amende égale à fix fois la valeur de fa contribution mobiliaire, fans déduĉtion de la contribution foncière.

Lefdites qualifications ou titres feront rayés par procèsverbal des juges du tribunal, & ceux qui auront commis ce délit contre la conftitution, feront condamnés en outre à être rayés du tableau civique, & feront déclarés incapables d'occuper aucuns emplois civils ou militaires.

I I.

La peine & l'amende feront encourues & prononcées, foit que lefdits titres & qualifications foient dans le corps de l'acte attachés à un nom, ou réunis à la fignature, ou fimplement énoncés comme anciennement exiftant.

I I I.

Seront punis des mêmes peines & fujets à la même amende, tous citoyens français qui porteroient les marques diftinctives qui ont été abolies, ou qui feroient porter des livrées à leurs domeftiques & placeroient des armoiries fur leurs maifons ou fur leurs voitures; les officiers municipaux & de police feront tenus de conftater cette contravention par leurs procès-verbaux, & de les remettre auffitôt, dans la perfonne du greffier du tribunal, au commiffaire du roi, qui, fous peine de forfaiture, fera tenu d'en faire état aux juges dans les vingt-quatre heures de la remife qui lui aura été faite defdits procès-verbaux par la voie du greffe.

I V.

Les notaires & tous autres fonctionnaires & officiers publics ne pourront recevoir des actes où ces qualifications & titres fupprimés feroient contenus ou énoncés, à peine d'interdiction abfolue de leurs fonctions; & leur contravention pourra être dénoncée par tout citoyen.

T 2

V.

Seront également destitués pour toujours de leurs fonctions, tous notaires, fonctionnaires & officiers publics
qui auroient prêté leur ministère à établir les preuves de
ce qu'on appeloit ci-devant la noblesse; & les particuliers contre lesquels il seroit prouvé qu'ils ont donné
des certificats tendant à cette fin, seront condamnés à
une amende égale à six fois la valeur de leur contribution mobiliaire, & à être rayés du tableau civique:
ils seront déclarés incapables d'occuper à l'avenir aucunes
fonctions publiques.

V I.

Les préposés au droit d'enregistrement seront tenus,
à peine de destitution, d'arrêter les actes qui leur seroient présentés, & qui, datés du jour de la publication
de la présente loi, contiendroient quelques-uns des titres
& qualifications abolis par la constitution, de les remettre
au commissaire du roi du tribunal, lequel sera tenu
d'agir comme il est prescrit par l'article III.

Mandons & ordonnons à tous les corps administratifs
& tribunaux, &c.

2135.

L O I

Portant réunion à l'empire Français, du pays de Dombes & dépendances.

Donnée à Paris le 16 octobre 1791.

Louis, par la grace de Dieu, &c.

Décret du 27 *septembre* 1791.

L'Assemblée Nationale, après avoir entendu son comité des domaines, déclare que le pays de Dombes, avec ses dépendances, est uni à l'empire français, & en conséquence décrète ce qui suit :

ARTICLE PREMIER.

Les évaluations commencées en exécution du contrat du 17 mars 1762, seront reprises, continuées & parachevées suivant les derniers erremens, d'après les règles & les formes qui seront établies par un décret particulier.

I I.

Le même décret déterminera le tribunal ou les tribunaux chargés de juger lesdites évaluations, & de régler les distractions, réductions & réformes dont elles pourront être susceptibles.

Mandons & ordonnons à tous les corps administra & tribunaux, &c.

T 3

2136.

L O I

Portant suppreſſion de toutes les chambres de commerce exiſtant dans le royaume.

Donnée à Paris le 16 octobre 1791.

Louis , par la grace de Dieu, &c.

Décret du 27 ſeptembre 1791.

L'Aſſemblée Nationale décrète ce qui ſuit :

ARTICLE PREMIER.

Toutes les chambres de commerce qui exiſtent dans le royaume , ſous quelques titres & dénominations qu'elles aient été créées ou formées , ſont ſupprimées à compter de la publication du préſent décret.

I I.

Les bureaux établis pour la viſite & marques des étoffes , toiles & toileries, ſont ſupprimés , ainſi que leſdites viſites & marques. Les commiſſions données aux prépoſés chargés du ſervice deſdits bureaux, ainſi qu'aux inſpecteurs & directeurs généraux du commerce & des manufactures , inſpecteurs ambulans & élèves des manu-factures , ſont révoquées.

I I I.

Le bureau créé à Paris pour l'adminiſtration du commerce & des manufactures , par le règlement du 2 février 1788 , ainsi que le bureau de la balance du commerce, sont également supprimés , & toutes les commissions données aux personnes qui composent lesdits bureaux, sont révoquées.

I V.

Les traitemens & appointemens attachés aux commissions ou emplois supprimés par les articles II & III ci-dessus , & qui sont payés par le trésor public , ne seront payés que jusqu'au premier janvier prochain , sauf à être accordé des retraites ou secours à celles des personnes supprimées qui en sont susceptibles par la nature & la durée de leurs services , conformément à la loi du 23 août 1790 , & celle du 31 juillet dernier.

Mandons & ordonnons à tous les corps administratifs & tribunaux , &c.

2137.

L O I

Additionnelle à celles sur le remboursement des offices militaires.

Donnée à Paris le 16 octobre 1791.

Louis , par la grace de Dieu , &c.

Décret du 27 septembre 1791.

Article additionnel aux décrets sur le remboursement des offices militaires , des 28 & 29 mai 1791.

DES OFFICIERS DU POINT-D'HONNEUR.

Les pensions qui étoient attribuées par l'édit du 13

T 4

janvier 1771, aux officiers du point-d'honneur, & qui, aux termes du décret des 28 & 29 mai dernier, doivent continuer à être payées, feront réparties, en cas de vacance, à compter de l'époque dudit décret, & dans chacune des trois claffes des officiers du point-d'honneur, uniquement à raifon de l'ancienneté entre lefdits officiers.

Mandons & ordonnons à tous les corps adminiftratifs & tribunaux, &c.

2138.

L O I

Relative à diverfes penfions & gratifications. pour actions courageufes.

Donnée à Paris le 16 octobre 1791.

Louis, par la grace de Dieu, &c.

Décret du 28 feptembre 1791.

L'Affemblée Nationale, ouï le rapport de fon comité des penfions, décrète, 1°. que fur le fonds de deux millions deftiné aux gratifications par la loi du 22 août 1790, il fera payé la fomme de quatre mille livres au fieur Michel-Philippe Aulas de la Bruyère, lieutenant de la ci-devant maréchauffée à Senlis, qui a été couvert de bleffures dans le funefte événement arrivé dans la ville de Senlis, le 13 décembre 1789, dans lequel événement il a perdu plufieurs doigts de la main & un œil.

2°. Que fur le fonds de dix millions deftiné par le

même décret au paiement des pensions, il sera payé à Élisabeth-Marguerite-Julie Hachette, veuve de Louis-Gabriel de la Motte d'Arsonval, brigadier de la ci-devant maréchaussée audit lieu de Senlis, tué dans le même événement du 13 décembre 1789, la somme de trois cents livres par an, pendant sa vie, à compter du 13 décembre 1789; celle de cent cinquante livres par année à chacun de ses trois enfans, à compter de la même époque & jusqu'à ce qu'ils aient atteint l'âge de vingt ans accomplis, & cinq cents livres à chacun lors de leur établissement.

3°. Que sur le même fonds de dix millions, il sera payé à la veuve de Pierre Louvel, cavalier de la ci-devant maréchaussée audit lieu de Senlis, mort des blessures qu'il reçut dans le même événement du 13 décembre 1789, la somme de deux cents livres par an, pendant sa vie, à compter dudit jour 13 décembre 1789; celle de cent vingt livres par année à chacun de ses deux enfans jusqu'à ce qu'ils aient atteint l'âge de vingt ans accomplis, & à chacun trois cents livres de gratification lors de leur établissement.

4°. Que sur le même fonds de dix millions, Jeanne Ferret, veuve de François Pitra, qui, servant en qualité de canonnier sur le vaisseau *le Guerrier*, au mois de juillet 1780, eut le courage & l'intrépidité de saisir entre ses bras & de sortir de la cambuse pour jetter à la mer un barril d'eau-de-vie enflammé qui exposoit le vaisseau à l'incendie & l'équipage à la mort, dans laquelle action héroïque Pitra reçut de si vives impres-sions, qu'il mourut le lendemain, recevra deux cents livres de pension à compter du premier décembre 1790: plus il sera payé la somme de cent vingt livres par an à chacun de ses deux enfans, à compter du premier décembre 1790 jusqu'à ce qu'ils aient atteint l'âge de vingt ans accomplis , & trois cents livres à chacun de gratification lors de leur établiffement.

5°. Il fera payé fur le même fonds de dix millions à Henriette Smith , veuve de François Thurot, capitaine de vaiffeau, tué dans le combat du 28 février 1760 , fur la frégate *le Belle-Ifle ,* la fomme de mille livres par an , pendant fa vie , à compter du premier janvier 1790 , & pareille fomme de mille livres par année , à Cécile - Henriette Thurot, fa fille , pendant fa vie , à compter du même jour premier janvier 1790.

6°. Que fur le fonds de deux millions deftiné aux gratifications par l'article XIV du titre premier de la loi du 22 août 1790 , il fera payé à Silveftre Magueux, François Boulard , Antoine Dubuy, Dufour , Bertrand Prélanges , François Verger & François Thélis , mariniers à Roanne , la fomme de fix cents livres chacun en récompenfe du courage & du patriotifme qu'ils ont montrés lors de l'inondation de la Loire du 11 novembre 1790 , & de ce qu'ils ont expofé généreufement leur vie pour fauver plufieurs de leurs concitoyens prêts à être fubmergés.

Mandons & ordonnons à tous les corps adminiftratifs & tribunaux , &c.

2139.

L O I

Qui ordonne de pourfuivre le paiement des fommes qui reftent dues par les acquéreurs de l'hôtel des chevau-légers à Verfailles, & qui leur accorde une remife du quart du prix de leur acquifition.

Donnée à Paris le 16 octobre 1791.

Louis, par la grace de Dieu, &c.

Décret du 29 feptembre 1791.

L'Affemblée Nationale décrète, 1°. que le miniftre de la guerre fera pourfuivre par l'agent du tréfor public le paiement des fommes qui reftent dues par les acqué-reurs de l'hôtel des chevau-légers à Verfailles, & de fes dépendances; 2°. qu'en confidération des pertes qu'ef-furent lefdits acquéreurs, il leur fera accordé à chacun une remife du quart du prix total de leur acquifition en capital & intérêt.

Mandons & ordonnons à tous les corps adminiftratifs & tribunaux, &c.

L o i *du* 16 *Octobre* 1791.

2140.

L O I

*Qui accorde une gratification de cent cinquante livres à
chaque grenadier de la gendarmerie nationale.*

Donnée à Paris le 16 octobre 1791.

Louis, par la grace de Dieu, &c.

Décret du 30 septembre 1791.

L'Affemblée Nationale décrète qu'il fera compté par
le tréfor public la fomme de cent cinquante livres à
chacun des individus qui compofoient la ci-devant compagnie de la prévôté de l'hôtel, aujourd'hui grenadiers
de la gendarmerie nationale.

Mandons & ordonnons à tous les corps adminiftratifs
& tribunaux, &c.

2141.

L O I

Portant qu'il fera payé quatre cents livres pour chacun des commis extraordinaires du greffier du tribunal du fixième arrondiffement de Paris.

Donnée à Paris le 16 octobre 1791.

Louis, par la grace de Dieu, &c.

Décret du 29 feptembre 1791.

L'Affemblée Nationale décrète ce qui fuit :

Il fera payé quatre cents livres pour chacun des commis extraordinaires que le greffier du tribunal du fixième arrondiffement de Paris, a été autorifé à employer, d'après le décret de l'Affemblée nationale du 8 août dernier.

Mandons & ordonnons à tous les corps adminiftratifs & tribunaux, &c.

2142.

L O I

Portant que tout homme est libre en France, & que quelle que soit sa couleur, il y jouit de tous les droits de citoyen, s'il a les qualités prescrites par la constitution.

Donnée à Paris le 16 octobre 1791.

Louis, par la grace de Dieu, &c.

Décret du 28 septembre 1791.

L'Assemblée Nationale décrète ce qui suit:

ARTICLE PREMIER.

Tout individu est libre aussitôt qu'il est entré en France.

I I.

Tout homme, de quelque couleur qu'il soit, jouit en France de tous les droits de citoyen, s'il a les qualités prescrites par la constitution pour les exercer.

Mandons & ordonnons à tous les corps administratifs & tribunaux, &c.

2143.

L O I

Relative au nouveau mode de paiement des domaines nationaux.

Donnée à Paris le 16 octobre 1791.

Louis, par la grace de Dieu, &c.

Décret du 28 septembre 1791.

L'Affemblée Nationale, fur le rapport qui lui à été fait par fon comité d'aliénation, des difficultés qu'éprouvent tant le mode de paiement des domaines nationaux, défigné par fon décret du 14 mai 1790, que celui relatif à la liquidation des frais de vente & d'adminiftration de ces domaines ; confidérant que la compenfation des cinq pour cent dus par les municipalités auxquelles il a été aliéné des domaines nationaux, avec les fermages, loyers, revenus, &c. perçus pour leur compte par les receveurs de diftrict, entraîne une comptabilité difficile & pénible, dont l'effet préfente, entr'autres inconvéniens, celui de retarder la jouiffance du feizième de la part de ces municipalités ; que les annuités & obligations prefcrites par le décret des 14 mai & 24 février 1791, préfentent aux acquéreurs des difficultés dans leur calcul, lors des paiemens anticipés qu'ils font dans les caiffes de diftrict & de l'extraordinaire ; que la rédaction & la foufcription de ces titres obligatoires, gênante pour les acquéreurs, & infiniment longue en elle-même, eft encore difpendieufe pour la nation.

Que les frais de vente, d'eftimation & d'adminif-tration, prévus par le décret du 14 mai 1790, devoir être supportés, partie par la nation, partie par les municipalités aliénataires, offrent dans leur répartition un travail compliqué & fusceptible de difficultés & de retards dans le paiement de ces frais ; que la délivrance aux municipalités du montant du feizième qui leur est accordé fur les ventes, étant une opération qui dérive effentiellement de l'exécution de ces différentes mefures, peut être long-temps arrêtée, & fufpendre la liquidation de leurs dettes dans le moment où elles ont le plus preffant befoin de ce bénéfice pour y pourvoir. L'Affemblée nationale, voulant faire ceffer ces difficultés, fimplifier les formalités à remplir, ainfi que le travail qui en réfulte, voulant d'ailleurs faire jouir promptement les municipalités du bénéfice qui leur est accordé fur les ventes, a décrété ce qui fuit :

TITRE PREMIER.

Du paiement du prix des biens nationaux par les municipalités.

Du paiement des biens nationaux par les acquéreurs, foit directs, foit fur reventes.

SECTION PREMIÈRE.

Paiement du prix des biens nationaux par les municipalités.

ARTICLE PREMIER.

Les municipalités aliénataires de domaines nationaux ne foufcriront plus les obligations prefcrites par l'article V du titre premier du décret du 14 mai 1790, & celles déja foufcrites leur feront rendues après qu'elles auront fatisfait aux formalités fuivantes.

II.

I I.

Toutes les municipalités qui auront obtenu des décrets d'aliénation, seront tenues, d'ici au premier janvier prochain, & ensuite tous les trois mois, de régler leur compte avec les directoires de districts de la situation des biens, à l'effet de constater & d'arrêter l'état des reventes effectuées, & de celles qui restent à faire.

I I I.

Les directoires de districts, après avoir arrêté les états ci-dessus mentionnés, les adresseront à leurs départemens respectifs, à l'effet d'y ajouter telles observation qu'ils jugeront nécessaires, & en faire l'envoi au commissaire du roi, administrateur de la caisse de l'extraordinaire, dans le mois qui suivra chaque époque d'arrêté de compte.

I V.

Les dispositions des deux articles précédens seront communes à la municipalité de Paris, pour ce qui concerne les reventes des domaines nationaux par elle acquis hors des limites de son territoire.

A l'égard des reventes de domaines nationaux par elle acquis dans l'étendue de son territoire, auxquelles elle a procédé directement en vertu de la délégation du département de Paris, elle en dressera des états particuliers, dont le premier comprendra toutes celles faites jusqu'au premier octobre, & les autres seront fournis de trois mois en trois mois ; mais ces états seront présentés par elle au directoire du département de Paris, qui, après les avoir vérifiés & approuvés, s'il y a lieu, les adressera au commissaire du roi, administrateur de la caisse de l'extraordinaire.

V.

Au moyen de ces formalités & de la remise qui aura été faite des obligations aux municipalités qui en ont souscrit, il n'y aura plus lieu au compte de clerc à maître, prescrit par le décret du 14 mai 1790, entre la nation & les municipalités, pour la compensation des cinq pour cent qu'elles doivent sur le montant de leurs obligations avec le produit des fermages, loyers, rentes, &c. perçus par les receveurs de district, sur les biens aliénés aux municipalités, & auxquels elles n'auront plus de droit.

V I.

A l'égard des frais d'estimation & de vente qui, aux termes du décret du 14 mai 1790, doivent être supportés sur le seizième revenant aux municipalités, il y sera pourvu ainsi qu'il sera dit ci-après.

S E C T I O N I I.

Du paiement des biens nationaux par les acquéreurs, soit directs, soit sur reventes des municipalités.

A R T I C L E P R E M I E R.

Les acquéreurs de domaines nationaux ne souscriront plus d'annuités ni obligations pour le paiement du prix des ventes qui seront faites, à compter de la promulgation du présent décret, en se conformant toutefois à ce qui va être réglé par les articles suivans.

I I.

A compter de cette époque, les directoires de district

seront tenus d'énoncer au procès-verbal de vente la portion du prix de l'acquisition à acquitter dans la quinzaine, ou dans le mois de l'adjudication, suivant la nature du bien dont il sera question, & pour le surplus, la quantité d'années accordées par les décrets à l'acquéreur pour se libérer, en se conformant pour le tout à ce qui est prescrit par l'article V du titre III du décret du 14 mai 1790, aux articles II, III & IV du décret du 3 novembre suivant, & au décret du 27 avril 1791.

Dans le cas où le bien auroit été précédemment aliéné à une municipalité, on en fera mention sur le procès-verbal d'adjudication, & les receveurs en tiendront également écritures sur leur registre, lors des paiemens qui leur seront faits par les acquéreurs.

I I I.

Les acquéreurs seront libres d'anticiper leurs paiemens, & de faire, à quelqu'époque que ce soit, tels paiemens à compte qu'ils jugeront convenables, & de les imputer sur les sommes à payer dans l'une ou plusieurs desdites années, sans s'assujétir à l'ordre successif, & de manière qu'aucun des termes non anticipés ne puisse être retardé sous le prétexte desdites anticipations.

I V.

Lorsqu'un acquéreur se présentera pour anticiper ses paiemens, il soldera d'abord les intérêts échus jusqu'au jour de son paiement, le surplus sera imputé sur le capital.

Les paiemens faits à compte sur le capital, ne dispenseront pas l'acquéreur de se présenter, chaque année, aux échéances portées par l'adjudication, pour acquitter les intérêts du capital qui restera dû.

V 2

V.

Il fera libre à tous acquéreurs qui auroient foufcrit des annuités ou obligations, de les retirer; ils en feront leur déclaration, en acquittant le premier paiement dont ils font débiteurs, & ils rapporteront alors au directoire du diftrict l'expédition du procès-verbal d'adjudication. Il fera fait mention par un arrêté additionnel, tant fur cette expédition que fur la minute, de la remife, qui s'opérera au même inftant entre les mains de l'acquéreur, de toutes lefdites obligations ou annuités, & cet arrêté contiendra en outre les difpofitions énoncées en l'article II du préfent décret.

V I.

La faculté énoncée en l'article II précédent fera commune aux acquéreurs qui font en retard de fournir des obligations ou annuités; mais ils feront tenus de faire leur option pardevant le directoire du diftrict dans le délai d'un mois, à compter de la promulgation du préfent décret; & dans le cas où ils préféreroient de s'en tenir au procès-verbal d'adjudication, ils en rapporteront l'expédition fur laquelle, ainfi que fur la minute, feront infcrites les difpofitions énoncées en l'article II.

Après l'expiration du délai d'un mois, lefdits acquéreurs ne pourront plus être admis à foufcrire ni obligations ni annuités.

V I I.

Les directoires de diftrict adrefferont fucceffivement au commiffaire du roi, adminiftrateur de la caiffe de l'extraordinaire, les expéditions des arrêtés additionnels prefcrits, articles II, V & VI.

V I I I.

Au moyen de ce que , d'aprés la forme de paiement établie par les articles II , V & VI , il ne se trouvera point d'intérêts confondus avec le capital, l'acquéreur ne pourra prétendre aucun escompte pour raison des paiemens qu'il anticipera, mais seulement la cessation des intérêts à compter du jour que le paiement sera effectué.

I X.

Les acquéreurs qui souscriront des annuités ou obligations pour ventes antérieures à la promulgation du présent décret , & ceux qui laisseront subsister les annuités ou obligations qu'ils ont déja souscrites , ne pourront affecter les paiemens qu'ils feront par anticipation, qu'à une ou plusieurs annuités & obligations entières , sans fraction de sommes ni d'années , & sans pouvoir intervertir l'ordre successif des annuités , conformément à l'instruction du 31 mai 1790 , & nonobstant la disposition du décret du 24 février 1791.

X.

En cas d'anticipation de paiement de la part des acquéreurs désignés dans l'article précédent, sur leurs obligations , le montant de l'escompte qui doit leur être fait à raison de cinq pour cent, ne pourra être arrêté que par l'administrateur de la caisse de l'extraordinaire.

A l'égard des paiemens par anticipation , sur les annuités , ils seront réglés conformément à la table annexée à la loi du 25 juillet 1790 , & le montant n'en pourra également être arrêté que par l'administrateur de la caisse de l'extraordinaire : les receveurs de district lui adreſſeront, à cet effet, le bordereau ſommaire du montant de la vente & de tous les paiemens qui auront lieu à différentes époques.

En attendant l'accompliſſement de cette formalité, les receveurs ſeront tenus de fournir aux acquéreurs un récépiſſé proviſoire d'à-compte, & les quittances défi-nitives ſeront données au pied du bordereau arrêté par l'adminiſtrateur.

X I.

A l'égard des acquéreurs qui, ayant déja ſouſcrit des annuités ou obligations, les laiſſeront ſubſiſter, l'impu-tation des à-comptes ou avances par eux payés en ſus des 12, 20 & 30 pour cent, ſera réglée définitivement par le commiſſaire de la caiſſe de l'extraordinaire, à qui les receveurs de diſtrict adreſſeront, à cet effet, le bor-dereau mentionné en l'article précédent.

Il ſera envoyé un pareil bordereau des paiemens faits par ceux des acquéreurs qui, en retirant leurs annuités ou obligations, voudront imputer les à-comptes ou avances par eux payés, ſur les paiemens qui leur reſtent à faire.

X I I.

Les acquéreurs ſur reventes qui auroient, en vertu de l'article VII du décret du 31 décembre 1790, ſouſcrit des annuités ou obligations pour le ſeizième revenant aux municipalités aliénataires, ne pourront les retirer qu'avec le conſentement deſdites municipalités ; mais à l'avenir, ſoit que les ventes aient précédé la promulgation du préſent décret, ſoit qu'elles ſoient poſtérieures, il ne ſera plus ſouſcrit d'obligations ni annuités au profit des municipalités ; dérogeant à cet égard à l'article VII du décret du 31 décembre 1790.

XIII.

Pour l'exécution du présent décret, le tréforier de l'extraordinaire eft autorifé à renvoyer aux receveurs de diftricts les annuités ou obligations qui lui ont été adreffées.

TITRE II.

Du feizième revenant aux municipalités, & du paiement des jr. i relatifs à l'aliénation des biens nationaux.

SECTION PREMIÈRE.

Paiement du feizième aux municipalités.

ARTICLE PREMIER.

Le premier article du décret du 9 juin 1791 fera exécuté fuivant fa forme & teneur. En conféquence, les receveurs de diftrict formeront l'état de toutes les ventes faites jufqu'au premier octobre, fur lefquelles les municipalités ont le feizième à percevoir, à la fuite daquel feront annotés les paiemens faits par les acquereurs. Cet état fera vifé & certifié par les adminiftrateurs du diftrict.

A compter de cette époque, les receveurs de diftrict formeront de pareils états tous les trois mois.

II.

Les municipalités ne pourront toucher le premier paiement qui leur revient fur le feizième, qu'au préalable elles n'aient fait leur déclaration pardevant le directoire du diftrict, qu'elles n'ont reçu par e'les-

V 4

mêmes aucuns deniers du revendu des biens nationaux dont elles ont eu l'administration, ou qu'elles n'aient rendu compte, pardevant le directoire, des sommes qu'elles auroient reçues.

Dans ce dernier cas, les comptes seront envoyés à l'administrateur de la caisse de l'extraordinaire, visés & certifiés par le directoire de district & de département, pour être fait imputation du reliquat qui pourroit avoir lieu au profit de la caisse de l'extraordinaire, sur le seizième revenant auxdites municipalités.

I I I.

A compter du premier janvier 1792, les municipalités, indépendamment de la déclaration qu'elles auront à fournir, s'il est question d'un premier paiement sur leur seizième, devront encore joindre un certificat du directoire du district, portant que la municipalité a satisfait à l'article II du présent décret, section première du titre premier.

I V.

Les déclarations & certificats prescrits par les deux articles précédens, seront remis par les directoires de district aux receveurs, pour les joindre à l'envoi qu'ils feront au commissaire du roi, administrateur de la caisse de l'extraordinaire, des états mentionnés à l'article premier du présent décret.

V.

A l'avenir le trésorier de la caisse de l'extraordinaire fera aux receveurs de district, sur les ordonnances du roi, qui lui seront remises par l'administrateur de ladite caisse, l'envoi des fonds nécessaires pour le paiement du feizième aux municipalités, dérogeant à cet effet à l'article III du décret du 9 juin 1791.

V I.

Ces paiemens feront diftingués par un article féparé dans le compte de la caiffe de l'extraordinaire.

V I I.

Pour prévenir les difficultés & les lenteurs qui naîtroient des opérations à faire dans chaque diftrict, pour déterminer avec précifion les frais de vente, d'eftimation & d'adminiftration de domaines nationaux auxquels ont donné lieu les reventes faites par fuite d'aliénation aux municipalités, il fera fait par le tréforier de la caiffe de l'extraordinaire, fur le feizième revenant à chaque municipalité, une retenue de deux fous pour livre, au moyen de laquelle la nation fera chargée de tous les frais bien & légitimement faits.

V I I I.

Cette retenue aura lieu fur la totalité du feizième à provenir des reventes confommées, & elle s'effectuera en entier fur le premier paiement.

I X.

Les municipalités qui, en vertu de l'article IX du décret du 5 août 1791, auroient obtenu ou feroient dans le cas d'obtenir des fonds d'avance fur le bénéfice du feizième qui leur eft attribué fur les reventes, feront tenues de dépofer entre les mains des commiffaires de la tréforerie nationale, les annuités & obligations qui, en vertu du décret du 31 décembre 1790, auroient pu être foufcrites, à leur profit, par les acquéreurs des domaines nationaux, jufqu'à concurrence de la fomme qui leur fera avancée; & dans le cas où lefdires municipalités n'auroient en leur poffeffion aucun de ces titres, elles en fourniront leur déclaration vifée par le directoire du diftrict.

X.

Lors du remboursement, qui fera fait à la tréforerie nationale par la caiffe de l'extraordinaire, du montant de ces avances, les commiffaires de la tréforerie nationale remettront à ladite caiffe les annuités & obligations qui auroient pu leur être fournies en garantie par les municipalités, & l'adminiftrateur de la caiffe de l'extraordinaire veillera à ce qu'elles foient payées par les débiteurs à leur échéance.

A l'égard des municipalités qui n'auront dépofé ni annuités ni obligations, les commiffaires de la tréforerie nationale feront paffer, chaque mois, au commiffaire du roi, adminiftrateur de la caiffe de l'extraordinaire, l'état des avances faites aux municipalités, à l'effet par ce dernier d'en faire faire la déduction par le tréforier de ladite caiffe, lors des paiemens du feizième qui feront échus à ces municipalités.

SECTION II.

Du paiement des frais d'eftimation de vente & d'adminiftration des domaines nationaux.

ARTICLE PREMIER.

La nation fera chargée de tous les frais d'eftimation, de vente & d'adminiftration des domaines nationaux; mais il ne pourra dans l'état des frais être compris fous aucun prétexte, aucune fomme à payer aux adminiftrateurs, membres ou commiffaires des départemens, diftricts & municipalités.

I I.

Les adminiftrateurs de diftrict feront dreffer l'état de tous les frais auxquels ont donné lieu, tant l'eftimation que les ventes de domaines nationaux.

Ils feront pareillement dreffer un fecond état des frais & avances qu'ils ont été néceffités de faire pour les frais d'adminiftration des domaines nationaux, frais de culture & autres de tous les genres, jufqu'au moment où la régie de l'enregiftreme it en a été chargée.

Ces états feront arrêtés à l'époque du premier octobre prochain, & envoyés aux directoires de départemens qui y mettront leur vu, & y joindront leurs obfervations détaillées.

I I I.

Les directoires de département adrefferont les états mentionnés ci-deffus au commiffaire du roi, adminiftrateur de la caiffe de l'extraordinaire, qui, après les avoir vérifiés & examinés, en préfentera le réfultat à l'Affemblée nationale ; & fur le décret qu'elle prononcera, le tréforier de la caiffe de l'extraordinaire fera paffer aux receveurs de diftricts les fommes neceffaires pour le rembourfement des frais.

I V.

A compter du premier octobre prochain, les états de frais mentionnés au paragraphe premier de l'article II, feront formés tous les trois mois & adreffes au commiffaire du roi, adminiftrateur de la caiffe de l'extraordinaire, qui fera pourvoir à leur paiement de la manière expliquée en l'article précédent.

V.

Dans la huitaine de la promulgation du préfent décret, les commiffaires de la tréforerie nationale remettront au commiffaire du roi, adminiftrateur de la caiffe de l'extraordinaire, l'état des à-comptes d'un pour cent des eftimations comprifes dans fes états, imprimés par ordre de l'Affemblée nationale jufqu'au 15 mai dernier, qu'ils auront fait paffer aux receveurs de diftricts ; & en exécution de l'article III du décret du 18 juillet dernier, le remplacement du montant de ces états fera fait à la tréforerie nationale par la caiffe de l'extraordinaire. A compter de la même époque, les fonds de ces à-comptes, comme tous ceux des frais d'eftimations & de ventes, feront adreffés directement aux receveurs de diftrict par le tréforier de la caiffe de l'extraordinaire, fur l'ordonnance du commiffaire-adminiftrateur de ladite caiffe.

V I.

La régie de l'enregiftrement fera déformais chargée de payer aux receveurs de diftricts les impofitions dues fur les domaines nationaux, dont l'adminiftration lui a été confiée par les décrets des 20 mai & 19 août derniers ; l'article VI de la loi du premier juin 1791 démeurant abrogé.

ARTICLE ADDITIONNEL.

L'Affemblée nationale décrète, de plus, que les directoires de département, d'après l'avis des directoires de diftrict, ftatueront à l'avenir ce qu'il appartiendra fur les demandes en fubrogation formées par les municipalités, à l'égard defquelles il n'eft point intervenu de décret ; & ce fait, lefdits directoires de département en donneront avis tous les mois au commiſſaire du roi, adminiſtrateur de la caiſſe de l'extraordinaire.

Mandons & ordonnons à tous les corps adminiſtratifs & tribunaux, &c.

2144.

L O I

Qui conſerve & ſupprime différentes places relatives à la marine.

Donnée à Paris le 16 octobre 1791.

Louis, par la grace de Dieu, &c.

Décret du 29 *ſeptembre* 1791.

L'Aſſemblée Nationale, ſur le rapport du comité de marine, décrète ce qui ſuit :

A R T I C L E   P R E M I E R.

Les places d'inſpecteur des conſtructions & de l'école des élèves ingénieurs de la marine, aux appointemens de quatre mille livres, ci . . . . 4,000 liv.

D'ingénieur mécanicien, aux appointe-mens de quinze cents livres, ci 1,500

De deux commiſſaires des chaînes, aux appointemens de quinze cents livres chacun, trois mille livres, ci 3,000

De garde des inſtrumens aſtronomiques, aux appointemens de deux mille livres, ci 2,000

TOTAL . . . . 10,500 liv.

Sont proviſoirement conſervées.

I I.

Les places de tous officiers militaires & ingénieurs, d'officiers de fanté, d'officiers d'adminiftration de la marine ou des colonies, & généralement toutes places de perfonnes attachées près du miniftre à Paris, n'ayant point de fonctions actives & permanentes, fous quelque dénomination que lefdites places aient été jufqu'à préfent défignées, font & demeurent fupprimées.

I I I.

Les perfonnes comprifes dans la fuppreffion énoncée par l'article précédent, qui par la nature de leurs fonctions, & en conformité des organifations décrétées par l'Affemblée nationale, pourront être placées dans les départemens, y feront renvoyées pour reprendre leur fervice, & toutes celles qui ne font pas fufceptibles ou ne pourront pas être employées en activité, recevront le traitement de réforme réglé par le décret d'application fur l'organifation des officiers d'adminiftration.

I V.

Les fonctions des perfonnes ci - devant attachées à M. l'amiral, & qui étoient payées par le département de la marine, font également fupprimées, fauf le traitement de réforme indiqué par l'article précédent.

V.

Il en fera de même pour les fonctions du procureur-général du confeil des prifes, & des commiffaires pour la vifite des ports & arfenaux.

V I.

Le préfent décret aura fon exécution à compter du premier octobre prochain, & fera préfenté dans le jour à la fanction du roi.

Mandons & ordonnons à tous les corps adminiftratifs & tribunaux, que les préfentes ils faffent configner dans leurs regiftres, lire, publier & afficher dans leurs départemens & refforts refpectifs, & exécuter comme loi du Royaume. Mandons & ordonnons pareillement à tous les officiers généraux de la marine, aux commandans des ports & arfenaux, aux gouverneurs, lieutenans généraux, gouverneurs & commandans particuliers des colonies orientales & occidentales, & à tous autres qu'il appartiendra, de fe conformer ponctuellement à ces préfentes, auxquelles nous avons fait appofer le fceau de l'Etat.

2145.

L O I

Relative aux créanciers de l'arriere de 1790, qui ne font pas encore liquidés.

Donnée à Paris le 16 octobre 1791.

Louis, par la grace de Dieu, &c.

Décret du 29 feptembre 1791.

L'Affemblée Nationale, confidérant que tous les créanciers de l'arriéré de 1790 ont eu neuf mois pour fe préfenter au tréfor public, y faire reconnoître leurs créances & en obtenir le paiement, ouï le rapport de fon comité des finances, décrète :

A R T I C L E   P R E M I E R.

La tréforerie nationale continuera de faire les avances nécéffaires pour l'acquit de toutes les parties de rentes, penfions eccléfiaftiques & autres, & intérêts de la dette publique qui refteroient dus antérieurement à l'époque du premier juillet 1790, ainfi que les frais du culte antérieurs au premier janvier de la préfente année, conformément au décret du 17 avril dernier ; & la caiffé de l'extraordinaire continuera de rembourfer au tréfor public, mois par mois, le montant de ces avances dont la tréforerie nationale continuera de tenir & de rendre un compte particulier.

I I.

Quant aux reftes des dépenfes de l'année 1790, de quelque nature qu'elles foient, celles qui ne feront pas acquittées au premier octobre prochain, feront renvoyées à la liquidation générale. Le commiffaire du roi, directeur de la liquidation, recevra les titres de ces créances, les examinera & en fera fon rapport ainfi que de toutes les autres dettes arriérées ; & le paiement ne pourra en être fait qu'en vertu d'un décret du Corps légiflatif.

Mandons & ordonnons à tous les corps adminiftratifs & tribunaux, &c.

2146.

LOI

Relative aux pensions assignées sur les décimes & chambres diocésaines, ou accordées à de pauvres ecclésiastiques.

Donnée à Paris le 16 octobre 1791.

Louis, par la grace de Dieu, &c.

Décret du 29 septembre 1791.

L'Assemblée Nationale, ouï le rapport de ses comités ecclésiastique & des pensions, décrète ce qui suit :

§. Ier

Secours provisoires.

ARTICLE PREMIER.

Les pensions assignées sur les décimes & chambres diocésaines, ou accordées à de pauvres ecclésiastiques sur des biens spécialement affectés à leur soulagement, & celles établies par titres antérieurs au 2 novembre 1789, sur des revenus ecclésiastiques, seront payées par provision, si fait n'a été, pour les années 1790 & 1791; mais seulement jusqu'à concurrence de six cents livres par an, pour les pensions qui excédoient cette somme, & en totalité pour celles qui étoient ▮▮▮ ales ou inférieures.

I I.

Les fommes qui auroient été payées fur lefdites penfions, à compte des années 1790 & 1791, par les
receveurs des décimes, tréforiers de diftrict, ou autres
prépofés, en vertu des décrets de l'Affemblée nationale,
& notamment de celui du 11 janvier 1791, ou autrement, feront déduites fur le montant des fecours accordés aux penfionnaires par l'article précédent.

I I I.

Le paiement de ces fecours fera fait par la tréforerie
nationale, fur la repréfentation du titre conftitutif de
chaque penfion, certifié par le directoire du département
où fe trouvoit l'établiffement fur lequel ladite penfion
étoit affignée, ainfi qu'il fera dit ci-après.

I V.

Les penfionnaires dénommés au préfent décret ne
pourront toucher, à quelque titre que ce foit, que la
fomme de fix cents livres, & dans les formes prefcrites
par les décrets précédens.

V.

Pour l'exécution des articles ci-deffus, les directoires
de département feront tenus de vérifier & de certifier,
s'il y a lieu, le titre rapporté par chaque prétendant
droit auxdits fecours provifoires; ils vérifieront auffi
jufqu'à quelle époque la penfion a été payée, les à-
comptes qui auroient pu être donnés fur les termes
non acquittés, fi le penfionnaire jouit d'un autre trai-

tement à la charge de l'Etat , & enfin le montant de ce
traitement ; ils feront mention du tout dans leur avis.

§. I I.

Penfions de retraite des fonctionnaires publics eccléfiaftiques.

V I.

La loi du 22 août 1790, concernant les penfions de
retraite, eft applicable , ainfi qu'il fera dit ci-après , aux
curés , vicaires & autres fonctionnaires publics eccléfiaftiques qui n'auroient aucun traitement public , foit comme
anciens bénéficiers , foit autrement , fans qu'on puiffe
inférer le contraire des articles IX & X du titre III de
la loi fur l'organifation civile du clergé , & fans déroger
à ces mêmes articles.

V I I.

Le taux de la penfion que chaque fonctionnaire public
eccléfiaftique pourra obtenir, en conféquence de la loi
du 22 août 1790 , fera réglé fur le revenu ou traitement
attaché à l'emploi qu'il aura occupé pendant trois années
confécutives ; fans que néanmoins ladite penfion puiffe
excéder en aucun cas la fomme de douze cents livres.

V I I I.

Les penfions de retraite demandées d'après les articles
IX & X du titre III de la loi fur l'organifation civile
du clergé , ou en conformité de la loi du 22 août 1790
& du préfent décret , par des fonctionnaires publics
eccléfiaftiques , feront accordées d'après l'état qui en fera
dreffé & préfenté à l'Affemblée nationale , dans les formes
prefcrites par les articles XXII & XXIII du titre premier
de la loi du 22 août 1790.

I X.

Les ecclésiastiques pauvres, que leurs infirmités conftatées, ou leur âge de plus de foixante-dix ans, ont forcés de fe retirer, & qui ne réuniroient pas les conditions exigées par la loi du 22 août 1790, pour obtenir une penfion de retraite, s'adreſſeront aux directoires de département; ceux-ci enverront leurs avis avec ceux des directoires de diftrict au miniſtre de l'intérieur, qui les remettra au directeur-général de la liquidation, pour en être rendu compte à l'Affemblée nationale.

Mandons & ordonnons à tous les corps adminiſtratifs & tribunaux, &c.

2147.

L O I

Relative à la fignature des procès-verbaux & expéditions des décrets de l'Affemblée nationale conftituante.

Donnée à Paris le 16 octobre 1791.

Louis, par la grace de Dieu, &c.

Décret du 29 feptembre 1791.

L'Affemblée Nationale décrète que M. Camus, un de fes ex-préſidens, & MM. Bouche, Target & Biauzat, trois de fes ex-fecrétaires, feront chargés de figner tous les procès-verbaux, tous les tableaux de décrets de vente de biens nationaux, auxquels la fignature des préſidens & des fecrétaires de l'Affemblée nationale n'eft point appoſée, & de figner pareillement toutes les pièces &

expéditions non signées, & auxquelles la signature des présidens & secrétaires auroit été apposée.

Déclare au surplus que tous les décrets rendus par l'Assemblée constituante, depuis l'acceptation du roi, doivent être exécutés comme loi, ainsi que ceux qui ont précédé, tant qu'ils n'auront pas été révoqués ou modifiés par le pouvoir législatif.

Mandons & ordonnons à tous les corps administratifs & tribunaux, &c.

2148.

L O I

Relative aux officiers des troupes de ligne, qui ont servi dans la garde nationale depuis 1789.

Donnée à Paris le 16 octobre 1791.

Louis, par la grace de Dieu, &c.

Décret du 29 septembre 1791.

L'Assemblée nationale décrète ce qui suit :

Le service de tous officiers de tous grades, retirés des troupes de ligne, qui ont servi dans la garde nationale depuis 1789 jusqu'aujourd'hui, leur sera compté pour les décorations & récompenses militaires en addition à leur service dans la ligne.

Mandons & ordonnons à tous les corps administratifs & tribunaux que les présentes ils fassent consigner dans leurs registres, lire, publier & afficher dans leurs départemens & ressorts respectifs, & exécuter comme loi du royaume. Mandons & ordonnons pareillement à tous les officiers généraux & autres qui commandent les troupes de

X 3

ligne dans les différens départemens du royaume , comme aussi à tous les officiers & gendarmes de la gendarmerie nationale , & à tous autres qu'il appartiendra , de se conformer ponctuellement à ces présentes.

2149.

L O I

Qui licencie les divers régimens ci-devant employés à la garde des colonies , & qui fixe le mode de leur remplacement.

Donnée à Paris le 16 octobre 1791.

Louis , par la grace de Dieu , &c.

Décret du 29 *septembre* 1791.

L'Assemblée Nationale décrète ce qui suit :

A R T I C L E   P R E M I E R.

Les régimens du Port-au-Prince , du Cap , de la Martinique , de la Guadeloupe , de l'Isle-de-France & Bourbon , de Pondichery , les bataillons d'Afrique & de la Guyane , & la compagnie de Saint-Pierre & Miquelon , employés jusqu'ici à la garde des colonies , & réunis par le décret du 11 juillet 1791 au département de la guerre , sont licenciés.

I I.

Il sera formé en remplacement de ces régimens , bataillons & compagnies, six régimens d'infanterie de ligne, dont la composition sera la même que celle adoptée pour les autres régimens de l'armée.

I I I.

Ces six régimens tireront entre eux & prendront rang après le cent cinquième régiment d'infanterie.

I V.

A dater du présent décret, les régimens d'infanterie française indistinctement seront employés à la défense des colonies.

V.

Pour conserver aux régimens des moyens plus efficaces de s'entretenir en hommes, ce service se fera plus habituellement par bataillons, & les bataillons dans chaque régiment y fourniront indistinctement.

V I.

Indépendamment des bataillons qui seront fournis pour la défense des colonies, il continuera d'y être entretenu deux bataillons de Cipayes dont l'avancement roulera sur eux-mêmes.

V I I.

Le corps d'artillerie des colonies conservera sa formation actuelle, & continuera à y être employé jusques aux dispositions ultérieures qui seront prises à son égard.

V I I I.

L'Assemblée nationale renvoie au pouvoir exécutif le

X 4

refte de la formation , compofition , folde & appointemens fuivant le mode adopté pour l'infanterie de ligne ; & l'augmentation des bataillons employés aux colonies fera fournie des fonds du département de la marine.

Mandons & ordonnons à tous les corps adminiftratifs & tribunaux que les préfentes ils faffent configner dans leurs regiftres , lire , publier & afficher dans leurs départemens & refforts refpectifs , & exécuter comme loi du royaume. Mandons & ordonnons pareillement à tous les officiers généraux de la marine , aux commandans des ports & arfenaux , aux gouverneurs , lieütenans généraux , gouverneurs & commandans particuliers des colonies orientales & occidentales , & à tous autres qu'il appartiendra , de fe conformer ponctuellement à ces préfentes.

2150.

L O I

Relative aux moyens de protéger les douanes nationales.

Donnée à Paris le 16 octobre 1791.

Louis, par la grace de Dieu , &c.

Décret du 30 feptembre 1791.

L'Affemblée Nationale, fur le rapport de fes comités de la marine , d'agriculture & de commerce , décrète :

A R T I C L E   P R E M I E R.

Il fera armé, dans le plus bref délai , pour écarter les fraudes des côtes du royaume , & protéger le fervice

des douanes, quatre corvettes ou avisos, & des cha-
loupes canonnières, ou autres petits bâtimens.

I I.

Il pourra être mis sur les bâtimens autant d'aspirans
que la destination de l'armement le permettra ; & au
moyen de cette disposition, les corvettes d'instruction
sont supprimées.

I I I.

Le ministre de la marine concertera, tous les ans, avec
le ministre des contributions, les instructions à donner
aux commandans des bâtimens, & pour demander au
Corps législatif d'en augmenter ou diminuer le nombre
& la force.

I V.

Le commandant de chaque bâtiment destiné à la
garde-côte, ne pourra quitter la croisière qui lui aura
été commandée, qu'en cas de nécessité qu'il constatera sur
son journal.

V.

Il sera tenu de prendre à bord deux commis aux
douanes, qui, dans le cas de saisie, seront chargés d'en
dresser les procès - verbaux, conformément à la loi du
premier mai 1791, sur les douanes.

V I.

Les commissaires aux classes préviendront le ministre
de la marine de toutes les relâches des bâtimens gardes-
côtes ; les corps administratifs & les préposés des douanes

en préviendront le ministre des contributions publiques , pour être au besoin pourvu au remplacement , ou autrement à l'activité du service.

V I I.

Les commandans des bâtimens recevront les instructions , & préviendront de leurs mouvemens les directeurs des douanes dont ils garantiront les côtes ; ils rendront compte au ministre de la marine de leur mission.

V I I I.

Les bâtimens s'aideront mutuellement, & agiront aussi de concert avec les pataches & autres bâtimens de la régie des douanes ; ils conviendront de signaux entre eux & les préposés des douanes ; pour donner connoissance des bâtimens qu'ils n'auroient pu visiter & qui seroient suspects.

I X.

Le produit des amendes & saisies des navires & marchandises de fraude , sera divisé en trois parts égales : l'une appartiendra aux équipages des bâtimens & embarcations qui auront fait les saisies ou y auront coopéré , & le partage s'en fera comme des prises sur l'ennemi ; la seconde partie sera prélevée pour être partagée entre les employés de la régie , & le surplus sera versé au trésor public pour indemnité des dépenses de l'armement.

X.

Le ministre de la marine présentera incessamment le tableau des dépenses nécessaires pour l'armement & entretien des bâtimens gardes-côtes, & il en fournira chaque année un compte particulier.

X I.

Le ministre des contributions fournira de même chaque année un compte particulier du montant des deniers versés au trésor public, du produit des amendes & saisies des prises faites par les gardes-côtes.

Mandons & ordonnons à tous les corps administratifs & tribunaux que les présentes ils fassent consigner dans leurs registres, lire, publier & afficher dans leurs départemens & ressorts respectifs & exécuter comme loi du royaume. Mandons & ordonnons pareillement à tous les officiers généraux de la marine, aux commandans des ports & arsenaux, & à tous autres qu'il appartiendra, de se conformer ponctuellement à ces présentes.

2151.

L O I

Relative à la liquidation de l'indemnité due pour les jurandes & maîtrises.

Donnée à Paris le 16 octobre. 1791.

Louis, par la grace de Dieu, &c.

Décret du 30 septembre 1791.

L'Assemblée Nationale autorise le directeur de la liquidation à continuer à liquider, sur sa responsabilité, les indemnités dues pour les maîtrises & jurandes, & décrète que les indemnités seront payées sur les états signés de lui, qu'il remettra au commissaire du roi pour la caisse de l'extraordinaire.

Mandons & ordonnons à tous les corps administratifs & tribunaux, &c.

2152.

L O I

Relative à la garde du roi.

Donnée à Paris le 16 octobre 1791.

Louis, par la grace de Dieu, &c.

Décret du 30 septembre 1791.

L'Assemblée Nationale, délibérant sur la proposition du roi, après avoir entendu son comité militaire, décrète ce qui suit :

ARTICLE PREMIER.

Conformément aux dispositions de l'acte constitutionnel, la garde du roi sera divisée en deux corps, l'un de douze cents hommes d'infanterie, l'autre de six cents hommes de cavalerie, ainsi qu'il sera plus amplement expliqué ci-après.

I I.

Le grand état-major de la garde du roi sera composé d'un lieutenant-général commandant en chef, de deux maréchaux-de-camp, commandant, l'un l'infanterie, l'autre la cavalerie, & de deux adjudans-généraux colonels attachés, l'un à la garde à pied, l'autre à la garde à cheval.

I I I.

La garde à pied sera partagée en trois divisions de quatre cents hommes chacune.

I V.

L'état-major de chaque division de la garde à pied fera composé d'un colonel commandant de division, de deux lieutenans-colonels & de deux adjudans-majors.

V.

Chaque division de la garde à pied fera de huit compagnies de cinquante hommes, commandées chacune par un capitaine, un lieutenant & un fous-lieutenant.

V I.

La garde à cheval fera partagée en trois divisions de deux cents hommes chacune.

V I I.

L'état-major de chaque division de la garde à cheval fera composé d'un colonel commandant de division, de deux lieutenans-colonels, & de deux adjudans-majors.

V I I I.

Chaque division de la garde à cheval fera de quatre compagnies de cinquante hommes, commandée chacune par un capitaine, un lieutenant & un fous-lieutenant.

I X.

La garde d'honneur, fournie par la garde nationale, prendra la droite fur la garde à pied. Le roi fera prié de régler invariablement les postes que la garde nationale devra occuper, lorfqu'elle fera de fervice auprès de fa perfonne.

X.

Les trois officiers généraux, chefs de la garde du roi, feront toujours au choix de fa majefté.

Mandons & ordonnons à tous les corps adminiftratifs & tribunaux, &c.

2153.

L O I

Relative à la circonfcription des paroiffes de Saint-Clair.

Donnée à Paris le 18 octobre 1791.

Louis, par la grace de Dieu, &c.

Décret du 7 feptembre 1791.

L'Affemblée Nationale décrète que l'erreur qui s'eft gliffée dans le décret du 26 avril 1791, fanctionné le 4 mai dernier, fera réformée; en conféquence, qu'il fera dit que la paroiffe de Saint - Clair fera unie au département de l'Isère, & non celle de Serres, qui refte au département de la Drôme.

Mandons & ordonnons à tous les corps adminiftratifs & tribunaux, &c.

2154.

L O I

Relative à la circonscription des paroisses dans le district d'Apt.

Donnée à Paris le 19 octobre 1791.

Louis, par la grace de Dieu, &c.

Décret du 14 septembre 1791.

L'Assemblée nationale, après avoir entendu son comité ecclésiastique, qui a vu & examiné les actes & pièces relatifs à la circonscription nouvelle de paroisses dans le district d'Apt, département des Bouches-du-Rhône, arrêtée par le directoire du département, sur l'avis du directoire de district, & de concert avec l'évêque dudit département, décrète que la paroisse d'Apt sera desservie par un curé, six vicaires & un sacristain, lesquels vicaires feront le service de Tourretes. Ladite paroisse aura trois succursales, savoir, Bécaux, Siverques & Gondonnet. La paroisse de Gordes sera desservie par un curé & trois vicaires, qui feront le service des Imbert. La paroisse de Murs sera desservie par un curé; elle aura pour succursales Lioux & Joucas, qui réuniront Saint-Lambert & Tesaure. La paroisse de la Coste sera desservie par un curé & un vicaire, qui feront le service de Saint-Veran. La paroisse de Goult sera desservie par un curé & deux vicaires, qui feront, selon l'usage, les services de Beaumettes & de Saint-Pantaly. La paroisse de Saint-Saturnin sera desservie par un curé & deux vicaires; elle aura pour succursales Croagne & Lagarde, qui réuniront plusieurs bastides de Villars.

La paroisse de Rouffillon sera desservie par un curé & deux vicaires. La paroisse de Villars aura un curé & deux vicaires ; & les habitans de Saint-Rémillon sont réunis à cette paroisse : elle aura pour succursale les gros Clémens. La paroisse de Gargas sera desservie par un curé & deux vicaires, chargés du service de Roquefure. La paroisse de Saignon sera desservie par un curé & deux vicaires, chargés des services du terroir ; elle aura pour succursales le Castelet & Auribeau. La paroisse de Caseneuve sera desservie par un curé & deux vicaires qui feront le service du Colombier. La paroisse de Viens sera desservie par un curé & un vicaire : ladite paroisse aura pour succursale les Meyrignes. La paroisse de Saint-Martin de Castillon sera desservie par un curé & deux vicaires qui feront le service de Castillon : cette paroisse aura pour succursale le Boillet. La paroisse de Rustrel sera desservie par un curé ; elle aura pour succursale Gignac, dont le curé fera le service de Torse. La paroisse de Mirabeau sera desservie par un curé & un vicaire. La paroisse de Villelaure sera desservie par un curé & un vicaire. La paroisse de Pertuis sera desservie par un curé, quatre vicaires & un sacristain, qui seront chargés de faire le service de l'oratoire national aux Carmes. La paroisse de Beaumont sera desservie par un curé & deux vicaires. La paroisse de la Bastide-des-Jourdans sera desservie par un curé & un vicaire. La paroisse de Granbois sera desservie par un curé & un vicaire ; elle aura pour succursale Vitroles-d'Aigues. La paroisse de la Tour-d'Aigues sera desservie par un curé & trois vicaires ; elle aura pour succursales Peypein-d'Aigues & la Bastidonne. La paroisse de la Motte-d'Aigues sera desservie par un curé ; elle aura pour succursales Saint-Martin d'Aigues & Cabrières. La paroisse d'Ansouis sera desservie par un curé & un vicaire. La paroisse de Cucuron sera desservie par un curé & trois vicaires, qui

feront

feront le service de Sannes, & Vaugines sera succursale de Cucuron. La paroisse de Lousmarin sera desservie par un curé & un vicaire. La paroisse de Cadenet
sera desservie par un curé & trois vicaires chargés du
service de Puivert. La paroisse de Lauris sera desservie
par un curé & un vicaire ; elle aura pour succursale
Mérindol, & le vicaire fera le service de Pugey.

Mandons & ordonnons à tous les corps administratifs
& tribunaux, &c.

2155.

L O I

Relative à la circonscription des paroisses dans le district
de Salon.

Donnée à Paris le 19 octobre 1791.

Louis, par la grace de Dieu, &c.

Décret du 14 septembre 1791.

L'Assemblée nationale, après avoir entendu son comité ecclésiastique, qui a vu & examiné les actes &
pièces relatives à la circonscription nouvelle des paroisses
dans le district de Salon, département des Bouches-
du-Rhône, arrêtée par le directoire du département,
sur l'avis du directoire du district, & de concert avec
l'évêque du département, décrète que la paroisse de la
Manon sera supprimée & unie à celle de Salon ; il
sera seulement établi une succursale dans le lieu de la
Manon ; & le prêtre qui la desservira y exercera toutes
les fonctions curiales, & ressortira de la cure de
Salon.

La paroisse de Saint-Michel de Salon sera conservée,

& l'églife de Saint-Laurent continuera à être regardée comme co-paroiffiale ; il y aura cinq vicaires attachés à cette paroiffe, lefquels diftribueront les fecours fpirituels.

Les trois paroiffes de la commune de Martigues feront confervées ; le même nombre des vicaires ci-devant établi fera confervé.

Il fera établi deux fuccurfales ; l'une au Val Saint-Julien, & l'autre au Val Saint-Pierre, dépendantes l'une & l'autre de la paroiffe de Jonquières de ladite ville de Martigues. La fuccurfale de la Couronne fera confervée comme par le paffé, & relevera également de la paroiffe de Jonquières.

La paroiffe de la ville d'Iftres fera confervée, & il y fera établi un troifième vicaire. L'églife des ci-devant Carmes fera confervée comme co-paroiffiale ; les fecours fpirituels feront adminiftrés dans les deux églifes d'Iftres ; l'un des vicaires de la paroiffe fera obligé d'y dire tous les jours la meffe, & y faire l'inftruction les fêtes & dimanches.

Il fera établi une fuccurfale au quartier d'Entreftens, territoire de ladite commune ; ladite fuccurfale relevera de la paroiffe d'Iftres, & fera defervie par un prêtre fermenté.

La paroiffe de la commune de Saint-Mitre fera confervée, & il y fera ajouté un fecond vicaire ; il y fera célébré la meffe par les vicaires de ladite paroiffe, les fêtes & dimanches, à la chapelle de Saint-Blaife, qui fera confervée comme églife de fecours.

La paroiffe de la ville de Saint-Chamas fera confervée & augmentée d'un troifième vicaire ; elle fera defervie par un prêtre fuccurfalifte, relevera de la paroiffe de ladite ville ; & de plus, l'un des vicaires de la paroiffe ira y dire la meffe les fêtes & dimanches.

La paroiffe de Miramas fera fupprimée, & il y fera établi une fuccurfale defervie par un prêtre fuccurfalifte

& un vicaire, & elle relevera de la paroisse de Saint-Chamas.

La paroisse de Cornillon sera également supprimée, ainsi que celle de Confoux, & il sera établi une succursale à Cornillon, laquelle sera desservie par un prêtre succursaliste, & un vicaire qui ira, les fêtes & dimanches, dire la messe, & faire l'instruction à l'église de Confoux, qui sera conservée comme église de secours : ladite succursale relevera de la paroisse de Saint-Chamas.

La paroisse de Grans sera conservée & desservie comme par le passé.

La paroisse du bourg de Pélissanne sera conservée & desservie comme par le passé.

La paroisse de la Barben sera supprimée, & il y sera établi une succursale desservie par un succursaliste : elle relevera de la paroisse de Pélissanne.

La paroisse du village d'Aurons sera conservée & desservie par le curé seulement.

La paroisse du bourg de Lançon sera conservée & desservie comme par le passé. La succursale de Saint-Symphorien, en dépendante, sera aussi conservée & desservie par un prêtre succursaliste.

La paroisse du bourg de Malemort sera conservée & desservie comme par le passé.

Celle du bourg d'Allain sera également conservée & desservie par deux vicaires.

Et celle du Vernegues sera supprimée, & il y sera établi une succursale desservie par un prêtre succursaliste & un vicaire, lesquels iront alternativement, les fêtes & dimanches, dire la messe & faire l'instruction à la chapelle rurale Saint-Symphorien, qui sera conservée comme église de secours, sans pouvoir y exercer les fonctions curiales.

Mandons & ordonnons à tous les corps administratifs & tribunaux, &c.

Y 2

2156.

L O I

Concernant la circonscription des paroisses dans le district de Grasse.

Donnée à Paris le 19 octobre 1791.

Louis, par la grace de Dieu, &c.

Décret du 14 septembre 1791.

L'Assemblée nationale, après avoir entendu son comité ecclésiastique, qui a vu les pièces relatives à la circonscription des paroisses dans la ville de Grasse, département du Var, proposée par la municipalité, & approuvée par l'évêque du département, & tacitement par les directoires du district & du département, décrète ce qui suit :

ARTICLE PREMIER.

L'église ci-devant cathédrale & paroissiale de la ville de Grasse, sous le titre de *l'Assomption de la Sainte Vierge*, est conservée comme église paroissiale, & forme la seule & unique paroisse de cette ville. La maison ci-devant canoniale & dépendances, qui étoient occupées par le sacristain, contiguës à ladite église, sont conservées pour le logement du curé.

I I.

L'église succursale de ladite paroisse, sous le titre

de *Sainte-Hélène*, eſt également conſervée, & continuera d'être ſous la dépendance du curé de la ville.

I I I.

L'égliſe des ci-devant Capucins, ſituée dans uñ fauxbourg hors de la ville, ſera conſervée comme oratoire.

I V.

Seront encore conſervées dans la ville comme oratoires, les égliſes des ci-devant Dominicains & de la
congrégation des Oratoriens.

V.

Le curé enverra, les dimanches & fêtes, dans
chaçun des oratoires mentionnés au préſent décret, un
de ſes vicaires pour y célébrer la meſſe, chanter les
vêpres, & faire des inſtructions, ſans pouvoir y exercer
les fonctions curiales.

V I.

Pour le ſervice de la paroiſſe & des trois oratoires,
il eſt accordé au curé douze vicaires.

Mandons & ordonnons à tous les corps adminiſtratifs
& tribunaux, &c.

L o i *du* 19 *Octobre* 1791.

2157.

L O I

Relative à la circonscription des paroisses dans le district de Tarascon.

Donnée à Paris le 19 octobre 1791.

Louis , par la grace de Dieu , &c.

Décret du 14 *septembre* 1791.

L'Affemblée nationale, après avoir entendu fon co-mité eccléfiaftique fur la circonfcription nouvelle des paroiffes dans le diftrict de Tarafcon, département des Bouches-du-Rhône, laquelle a été arrêtée par le directoire du département, fur l'avis du directoire du dif-trict, & de concert avec l'évêque dudit département; & après l'examen fait par le comité des actes & pièces relatifs audit arrêté, décrète que les cinq paroiffes qui font dans la ville de Tarafcon, & territoire en dépen-dant, feront provifoirement réduites à deux, en y joi-gnant quatre fuccurfales, ainfi qu'il fuit

District de Tarascon.

La paroiffe Sainte-Marthe , patrone de la ville, dans l'églife ci-devant collégiale, fera confervée, & il lui fera annexé deux fuccurfales; une dans la ville, & l'autre dans la campagne.

La paroiffe Saint-Jacques fera auffi confervée avec le même nombre de fuccurfales que Sainte-Marthe.

Chacune de ces deux paroiffes fera deffervie par un curé & quatre vicaires.

Il fera établi dans la ville deux fuccurfales, dont

une, dans l'églife des ci-devant Dominicains, relevera de la paroiffe Sainte-Marthe, & fera deffervie par trois vicaires.

L'autre fuccurfale fera dans l'églife des ci-devant Trinitaires, deffervie par le même nombre de prêtres & relevera de la paroiffe Saint-Jacques.

Les trois vicaires de la première fuccurfale iront alternativement, les fêtes & dimanches, dire la meffe, faire les inftructions au peuple dans l'églife rurale de Saint-Gabriel, diftante d'environ une lieue de la ville, & confervée comme églife de fecours.

Les trois vicaires de la feconde fuccurfale iront alternativement, les fêtes & dimanches, dire la meffe, & faire au peuple les inftructions dans la chapelle rurale de Saint-Victor, confervée comme oratoire national.

La paroiffe de Lanfac fera provifoirement fupprimée & érigée en fuccurfale; elle relevera de la paroiffe de Sainte-Marthe, & fera deffervie par un prêtre fuccurfalifte, lequel fera au peuple, dans la chapelle de Saint-Gabriel, les inftructions fpirituelles, fans pouvoir y exercer les fonctions curiales.

La paroiffe de Saint-Etienne-du-Grez fera provifoirement fupprimée & érigée en fuccurfale, dépendance de la paroiffe de Saint-Jacques, & deffervie par un prêtre fuccurfalifte & un vicaire, lefquels feront les inftructions fpirituelles, & fe rendront alternativement, les fêtes & dimanches, dans la chapelle rurale de Saint-Lambert, confervée comme oratoire, fituée dans la municipalité de Mablan, pour y dire la meffe, & inftruire le peuple.

La paroiffe de Laurade fera fupprimée.

Les limites des deux paroiffes & des quatre fuccurfales feront fixées ainfi qu'il fuit:

La paroiffe de Sainte-Marthe, en confervant d'abord la même étendue qu'elle avoit précédemment, com-

Y 4

prendra, dans la ville & fauxbourgs ; favoir , au cou-
chant de la ville , depuis les limites données par la loi
au diftrict fur le fleuve du Rhône , le fauxbourg de
Madame , celui de Jarnègues & celui de Saint-Jean ,
jufqu'aux cafernes inclufivement ; & dans l'enceinte de
la ville jufqu'à la porte de Saint-Jean , continuant en
ligne droite dans la rue du Refuge , des deux côtés
jufqu'au rempart ; ce qui comprendra la dernière maifon de la gauche du marché au bout de la place.
Elle s'étendra dans le territoire du côté du Nord ,
dans toute la furface qui eft entre le Rhône & le milieu de la chauffée qui va à Boulbon , jufqu'aux limites de la commune de Mézoargues ; & du côté du
Midi , depuis le milieu du Rhône jufqu'au chemin
d'Arles , étant bornée , au pont de Lanfac , par la
chauffée , la vieille Roufine & la Lone.

La fuccurfale de cette paroiffe , établie dans l'églife
des ci-devant Dominicains , fera circonfcrite au fauxbourg Saint-Jean , depuis les cafernes jufqu'à l'hôpital-
général , maifon de charité exclufivement , & depuis la
porte Saint-Jean , tout le long de la rue du Refuge ,
des deux côtés , en contournant à gauche les maifons
de la place qui joignent la rue Saint-Antoine , la rue
de la Raquelone , celle de Bordeaux jufqu'à la petite
porte neuve dite des Fauffes-Brayes , du côté gauche
feulement , & leur enceinte jufqu'au chemin , en for-
tant de la ville qui fépare la maifon de charité & celle
des ci-devant Auguftins.

Elle comprendra enfuite la partie du territoire qui
eft depuis le chemin d'Arles jufqu'au grand chemin de
Laurade ; fera terminée au levant par la petite Roufine qui va déboucher dans la grande , & de-là en co-
toyant la grande Roufine jufqu'au pont Saint-Gabriel ,
la draye du mas de Barmon jufqu'au pont de Lanfac
à Tarafcon , en longeant le chemin d'Arles.

La fuccurfale de ladite paroiffe de Sainte-Marthe ,

établie provifoirement à Lanfac, fera circonfcrite, par la Lone au Nord, par la vieille Roufine jufqu'au pont de Lanfac, par la draye fufdite du mas de Barmon, jufqu'au pont Saint-Gabriel; par la grande Roufine jufqu'au pont de Tune; par la draye dudit pont de Tune qui va à la Montagne, & par une ligne divifoire entre le mas du fieur Loyer & celui de Fontanille jufqu'aux limites du territoire, aux confins d'Auge & de Fontvicille & d'Arles, jufqu'au milieu du Rhône, & du Rhône jufqu'à l'embouchure de la Lone.

La paroiffe Saint-Jacques fera circonfcrite & commencera, dans la ville, aux rues & iffues aboutiffantes à la porte Saint-Jean, à celle du puits de Berre, à celle de Saint-Roch & à la première maifon de la Gache Saint-Nicolas, fituée à l'extrémité inférieure de la place, & comprendra depuis ces limites tout ce qui eft dans les murs de la ville, du côté du levant, & fauxbourg de la Condamine. Son étendue dans la campagne fera limitée par le chemin de Laurade, depuis la ville jufqu'à la petite Roufine, qui vient du mas de Robin par le chemin d'Arles à Avignon, jufqu'au chemin d'Avignon, Frigolet & fes dépendances comprifes par la draye qui paffe entre le mas de Boutard & de Pouzin, & vient fur le pont de Bagnolet, delà fur le pont d'Amour par la Roubine jufqu'à Tarafcon.

La fuccurfale de cette paroiffe, établie dans la ville dans l'églife des ci-devant Trinitaires, aura dans fon arrondiffement, au dehors, le fauxbourg de la Condamine, & en dedans tout ce qui eft compris depuis la maifon du fieur Baley, Gache-Saint-Nicolas jufqu'à la porte de la Condamine, à la hauteur de la rue des Vieux-Auguftins; ladite rue des Vieux-Auguftins feulement du côté droit, le ruiffeau faifant la limite, & en retournant à droite à fon débouché dans celle qui paffe fous l'arceau du fieur Lacroix, & delà, en traversant une autre rue, à la maison du sieur Baley. Elle s'étendra hors la ville, & sera circonscrite au midi par la même Roubine qui passe sous le pont d'Amour, par la même draye entre le mas de Bouzin & de Boutard, par les rives hautes des terres de Frigoutes, par le chemin d'Arles à Avignon, par les limites du terroir de Graveson, de Barbentau, de Boulbon jusqu'à la Brassière, & par le milieu de la chaussée, depuis le Pas-de-Bouquet jusqu'à la ville.

La succursale rurale de ladite paroisse de Saint-Jacques, établie à Saint-Etienne-du-Grez, sera circonscrite par la grande Roubine, en partant du pont de Tune, & en la remontant jusqu'à l'embouchure de la petite Roubine qui vient du mas de Robin ; par cette dernière Roubine & par le chemin d'Arles à Avignon, jusqu'aux limites du territoire de Graveson ; par celles de ce territoire, par celui de Breuil, de Maillane, de Saint-Remy, par les montagnes des Baux, d'Auge &, par une ligne divisoire entre le mas du sieur Loyer & Fontanille, jusqu'à la draye du pont de Tune.

Dans la paroisse de Sainte-Marthe il y aura pour oratoire l'église dite du Refuge, & la chapelle dite de Saint-Antoine, lesquelles seront à la surveillance de la municipalité.

La paroisse de Mezoargues, canton de Tarascon, est provisoirement supprimée, & érigée en succursale relevante de la paroisse de Boulbon, & sera desservie par un prêtre succursaliste.

Saint-Remy & terroir en dépendant.

L'église paroissiale sous le titre de Saint-Martin, ci-devant collégiale, sera conservée & desservie par un curé & quatre vicaires.

L'église des ci-devant Trinitaires, située dans le fauxbourg, est conservée comme secours ou oratoire.

Le corps entier de l'églife fera confervé avec la partie latérale de la facriftie, du clocher & de l'appartement y joint.

Il y aura de plus dans le terroir de cette même paroiffe deux oratoires, dont l'un fera placé dans l'églife Saint-Roch, l'autre dans l'églife de Romany.

L'églife de Notre-Dame-de-Pitié fera confervée telle qu'elle eft avec fes appartenances, & le fervice fpirituel d'ufage s'y fera par les foins du curé de la paroiffe.

La paroiffe de Barbentane fera confervée & deffervie par trois vicaires & un curé.

La paroiffe de Châteaurenard fera confervée & deffervie par un curé & quatre vicaires.

La paroiffe de Rognonas & de Barban fera fupprimée & érigée en fuccurfale dépendante de Châteaurenard, & deffervie par un fuccurfalifte.

La paroiffe d'Eiguières fera confervée & deffervie par un curé & deux vicaires, dont un ira alternativement dire la meffe, faire au peuple les inftructions, lui diftribuer les fecours fpirituels dans la paroiffe de Roquemartine, qui eft fupprimée, fans y exercer les fonctions curiales.

Les Baux & fon terroir.

Les quatre paroiffes de la terre des Baux font provifoirement réduites à deux; favoir, celle de Mauriés & de Mauffane, qui feront deffervies chacune par un curé & un vicaire. Celle des Baux eft provifoirement réduite en fuccurfale, avec un vicaire, & relevera de Mauriés; & le vicaire de la paroiffe de Mauriés ira dire la meffe les fêtes & dimanches dans la paroiffe de Saint-Martin de Caftillon, qui eft provifoirement fupprimée & réduite en oratoire national.

Les paroisses d'Aureille & de Molegès seront conservées telles qu'elles sont.

La paroisse d'Orgon conservée avec un vicaire de plus que par le passé.

Les paroisses des communes de Boulbon Eyragues, Graveson, Maillane, Novès, Cabannes, Aigalières & Senas, seront conservées & desservies comme par le passé.

La paroisse de Saint-Andiol, & celle de Vaquières, seront provisoirement supprimées, érigées en succursales relevantes de la paroisse de Cabannes, & desservies chacune par un prêtre succursaliste.

Mandons & ordonnons à tous les corps administratifs & tribunaux, &c.

2158.

LOI

Relative à la circonscription des paroisses du district de Saint-Florent.

Donnée à Paris le 19 octobre 1791.

Louis, par la grace de Dieu, &c.

Décrets du 21 septembre 1791.

L'Assemblée nationale, après avoir entendu le rapport qui lui a été fait par son comité ecclésiastique,

De l'arrêté du directoire du département de Maine-&-Loire, du 17 août dernier, sur la délibération du directoire du district de Saint-Florent, du 5 précédent, concernant la circonscription des paroisses de ce district, & de l'avis de l'évêque du département, du premier du présent mois de septembre, décrète ce qui suit :

ARTICLE PREMIER.

Les paroisses du district de Saint-Florent sont réduites au nombre de trente-deux, ainsi qu'il suit :

Beaupréau,

Beausse, (la)

Botz ,

Bouzillé,

Champtoceaux,

Chapelle-Aubry , (la)

Chapelle-Saint-Florent , (la)

Chapelle du Genest , (la)

Chaudron ,

Chassaire, (la)

Fief-Sauvin , (le)

Filet , (le)

Jumelière , (la)

Liré, qui aura à Drain un oratoire, où le curé enverra , les dimanches & fêtes, un vicaire pour y célébrer la messe & y faire les instructions spirituelles, sans pouvoir y exercer les fonctions curiales.

Landemont.

Mesnil, (le) qui aura pour succursale Saint-Laurent-du-Mottay.

Montjean ,

Montrevaux,

Pin , (le)

Pommeraye , (la)

Potvinière , (la)

Puiset-Doré , (le)

Neufvy ,

Saint-Pierre-Montlimart ,

Saint-Quentin,

Saint-Christophe-de-la-Couperie,

Saint-Florent-le-Vieil,

Saint-Laurent-de-la-Plaine,
Saint-Laurent-des-Autels,
Saint-Remy,
Sainte-Chriftine,
Varanne. (la)

I I.

Lefdites paroiffes feront circonfcrites ainfi qu'il eft expliqué dans la délibération fufdatée du diftrict de Saint-
Florent, fauf les changemens réglés par l'arrêté du directoire du département.

Mandons & ordonnons à tous les corps adminiftratifs
& tribunaux, &c.

Certifié conforme aux originaux.

Fin du Tome quatorzième.

TABLE

CHRONOLOGIQUE

DES LOIS

Contenues dans le quatorzième volume.

DATES des Lois.	Titres des Lois.	DATES des Décrets.

2059.

| 9 Octobre 1791. | Loi portant que la caisse de l'Extraordinaire avancera à la municipalité de Rennes quinze mille livres par mois, 33. | 20 Sept. 1791. |

2060.

| » | Loi portant qu'il sera avancé la somme de quatre cent mille livres à la commune de Touloufe, 34. | 13. |

2061.

| » | Loi relative à l'emplacement de l'administration des traites, de la régie des domaines & de l'enregistrement, de la confervation foreftière & du bureau de comptabilité, 35. | 16. |

2062.

| » | Loi qui accorde une indemnité de deux mille livres à M. de Santo-Domingo, 36. | 27. |

2063.

| » | Loi relative au paiement de la folde des Gardes nationales du département du Var, 37. | 24. |

2064.

| » | Loi relative au compte du fieur Baudoüin, imprimeur de l'Affemblée nationale, & qui lui accorde une gratification de quarante mille livres, 38. | 30. |

DATES des Lois.	Titres des Lois.	DATES des Décrets.
	2065.	
9 Octobre 1791.	Loi qui accorde deux cents livres au sieur Gory, 38.	30 Sept. 1791.
	2066.	
9.	Loi contenant l'état de répartition de la somme de quarante-quatre mille livres entre les employés dans les différens bureaux & comités de l'Assemblée nationale, 40.	30.
	2067.	
9.	Loi qui accorde trente-huit mille deux cent quatre-vingt-onze livres seize sous au directeur de la liquidation pour les frais de l'établissement de ses bureaux, 47.	22.
	2068.	
11.	Loi relative aux troupes destinées pour Pondichéry, 48.	8.
	2069.	
11.	Loi relative aux concessions des domaines de l'île de Corse, 49.	5.
	2070.	
11.	Loi relative à une nouvelle fabrication de monnoie de cuivre, 53.	6.
	2071.	
11.	Loi additionnelle relative à la navigation des rivières de Juine & d'Essonne, 54.	11.

A 2

DATES des Lois.	Titres des Lois.	DATES des Décrets.
	2080.	
12 Octobre 1791.	Loi portant que la caisse de l'Extraordinaire prétera la somme de quatre-vingt-huit mille livres au bureau de la Charité-générale de la ville de Lille, 104.	13 Sept. 1791.
	2081.	
12.	Loi relative au remboursement au sieur Lecouteulx des avances faites pour la fabrication des assignats, 105.	24.
	2082.	
12.	Loi portant qu'il sera avancé neuf cent mille livres à la municipalité de Marseille, 106.	10.
	2083.	
12.	Loi portant qu'il sera payé quarante mille livres à la municipalité de Melun, 107.	21.
	2084.	
12.	Loi relative à une nouvelle émission de cent millions d'assignats, 108.	28.
	2085.	
11.	Loi relative à la levée des scellés apposés sur les livres & papiers de la chambre des comptes de Paris, 109.	29.
	2086.	
12.	Loi concernant les dépenses à faire pour l'établissement des tribunaux criminels, 110.	29.

DATES des Lois.	Titres des Lois.	DATES des Décrets.
	tribunal de commerce dans la ville de Rouen, 117.	
	2094.	
11 Octobre 1791.	Loi relative aux gratifications à accorder aux secrétaires-commis, employés, & huissiers de l'Assemblée nationale, 120.	16 Septembre 1791.
	2095.	
11.	Loi relative à divers établissemens de tribunaux de commerce & de paix dans les lieux y désignés, & portant réunion de diverses municipalités, 123.	17.
	2096.	
11.	Loi relative à tous les corps & établissemens d'instruction & éducation publique, 125.	26
	2097.	
11.	Loi sur le cérémonial à observer lorsque le roi se rendra dans le corps législatif, 126.	29.
	2098.	
14	Loi relative aux écoles de la marine, 127.	13
	2099.	
14.	Loi portant établissement de commissaires des guerres, & qui détermine leurs fonctions dans les différentes cours martiales, établies par le décret du 21 septembre 1790, 130.	21

Dates des Lois.	Titres des Lois.	Dates des Décrets.
	2100.	
14 Octobre 1791.	Loi relative à la liquidation des dettes actives & passives des communautés supprimées, & liquidées ou à liquider, 168.	21 Septemb. 1791.
	2101.	
14.	Loi relative à l'organisation de la garde nationale, 175.	29.
	2102.	
14.	Loi concernant la répartition & la fixation des contributions foncière & mobiliaire, & sur la prorogation des contributions indirectes pour l'année 1792, 203.	19.
	2103.	
14.	Loi concernant la nomination & le traitement des deux substituts du commissaire du roi auprès du tribunal de cassation, 242.	29.
	2104.	
15.	Loi qui décerne à J. J. Rousseau les honneurs dus aux grands hommes, 243.	27 Août.
	2105.	
16.	Loi relative à la délivrance des reconnoissances définitives de liquidation des offices, données en dons patriotiques, 244.	21.
	2 06.	
16.	Loi qui renvoie au pouvoir exécutif l'exécution des décrets qui ordonnent d'élever une statue, & accordent les honneurs publics à la mémoire de J. J. Rousseau, 245.	21 Septemb.

Titres

DATES des Lois.	Titres des Lois.	DATES des Décrets.
	une fomme de huit mille livres , à titre de préfent , & trois cents livres de gratification à M. Février , 253.	
	2114.	
16 Octobre 1791.	Loi relative au paiement de diverfes penfions , 254.	18 Septemb. 1791.
	2115.	
16.	Loi qui renvoie à la prochaine légiflature le règlement des dépenfes réfultantes de la tranfmiffion faite au commiffaire du roi , adminiftrateur de la caiffe de l'extraordinaire , d'une partie des fonctions ci-devant attachées au comité de liquidation , & qui lui accorde vingt mille livres pour fournir provifoirement auxdites dépenfes , 256.	30.
	2116.	
16.	Loi portant fuppreffion des ingénieurs-géographes militaires , crées en 1777 , 257.	17 Août.
	2117.	
16.	Loi relative aux plans des territoires des départemens , 259.	21.
	2118.	
16.	Loi relative aux rentes conftituées fur le clergé , fous le nom des fyndics des diocèfes , 260.	27.
	2119.	
16.	Loi relative aux rentes conftituées au profit de religieux cu religieufes , ou acquifes avec le produit de leur pécule , 262.	24.

DATES des Lois.	Titres des Lois.	DATES des Décrets.
	2120.	
16 Octobre 1791.	Loi relative aux marques diftinctives des ordres fupprimés, 263.	13 Septemb. 1791.
	2121.	
16.	Loi relative aux déclarations de command ou élections d'ami, 264.	13.
	2122.	
16.	Loi relative aux baux emphytéotiques, 265.	15
	2123.	
16.	Loi relative aux faifies faites à la requête des ci-devant corps & communautés d'arts & métiers, 275.	17.
	2124.	
16.	Loi relative aux tanneurs & aux fabricans de cuirs, 276.	20.
	2125.	
16.	Loi relative à la fuppreffion des lieutenances générales, lieutenances de roi & majorités, 277.	21.
	2126.	
16.	Loi relative à la liquidation des dettes des communautés religieufes & des communautés d'arts & métiers, 278.	22.
	2127.	
16.	Loi relative aux proteftations faites contre la conftitution, 280.	23.

B 2

DATE des Lois.	Titres des Lois.	DATES des Décrets.
	2128.	
1 Octobre 1791.	Loi relative aux ci-devant officiers des états-majors des places, 281.	23 Septemb. 1791.
	2129.	
16.	Loi relative aux erreurs de noms dans les contrats ou dans les quittances de finance, 283.	26.
	2130.	
16.	Loi relative à la décoration militaire, 284.	26.
	2131.	
16.	Loi relative aux biens provenant des fondations, 286.	26.
	2132.	
16.	Loi pénale relative aux assemblées primaires, électorales, municipales, de district & de département, 287.	26 & 28.
	2133.	
16.	Loi relative au bureau de consultations des arts & métiers, 289.	27.
	2134.	
16.	Loi portant défenses à tout citoyen français de prendre, dans aucun acte, les titres & qualifications supprimés par la constitution, 290.	27.
	2135.	
16.	Loi portant réunion à l'empire français, du pays de Dombes & dépendances, 293.	27.

Fin de la table chronologique du tome quatorzième.

www.ingramcontent.com/pod-product-compliance
Lightning Source LLC
Chambersburg PA
CBHW061123220326

41599CB00024B/4152